最强大脑思维训练系列

优等生必学的数学思维

——练就理科头脑

于雷 张晖 编著

清华大学出版社

北京

内 容 简 介

数学思维游戏是一种自主性较强的思维训练方式，大家可以在阅读游戏内容的过程中锻炼自己的观察力和判断力，在绞尽脑汁搜寻答案的过程中锻炼自己的分析力和想象力，在一大堆看似无用的信息中找到最关键的解题线索并得出最终答案。

本书收录了357个充满智慧和趣味的数学思维游戏，每个游戏都极具代表性和独创性。它们内容丰富，难易适度，形式活泼，让读者在享受阅读乐趣的同时，逐步学习并掌握其背后所隐藏着的数学知识，挖掘大脑的潜能，从而不断超越自我，并发自内心地对数学产生兴趣，直至走向成功。

图书在版编目（CIP）数据

优等生必学的数学思维：练就理科头脑 /于雷，张晖编著.—北京：清华大学出版社，2021.9
（最强大脑思维训练系列）
ISBN 978-7-302-57361-6

Ⅰ.①优⋯ Ⅱ.①于⋯ ②张⋯ Ⅲ.①智力游戏－青少年读物 Ⅳ.①G898.2

中国版本图书馆 CIP 数据核字(2021)第 016129 号

责任编辑：张龙卿
封面设计：徐日强
责任校对：赵琳爽
责任印制：朱雨萌

出版发行：清华大学出版社
　　　　网　　　址：http://www.tup.com.cn, http://www.wqbook.com
　　　　地　　　址：北京清华大学学研大厦 A 座　　　邮　　编：100084
　　　　社 总 机：010-62770175　　　　邮　　购：010-62786544
　　　　投稿与读者服务：010-62776969,c-service@tup.tsinghua.edu.cn
　　　　质量反馈：010-62772015,zhiliang@tup.tsinghua.edu.cn
印 装 者：北京嘉实印刷有限公司
经　　销：全国新华书店
开　　本：185mm×260mm　　　印　　张：10.25　　　字　　数：236 千字
版　　次：2021 年 9 月第 1 版　　　印　　次：2021 年 9 月第 1 次印刷
定　　价：49.00 元

产品编号：090833-01

前言

你是否曾因为无法解答一道数学难题而泄气叹息？是否曾为数学课上回答不出教师的提问而羞愧苦恼？是否在这叹息与苦恼中对数学产生了厌烦和恐惧？

这都是因为你没有发现数学的迷人、可爱之处。

别灰心，让自己喜欢上数学的办法很简单，那就是玩数学思维游戏，从游戏中找乐趣，从游戏中找感觉，从游戏中找自我。

数学的奥妙是无穷无尽的。在获得了一次次胜利后，你自然而然就会对数学产生兴趣，发现它的迷人之处，从而不知不觉地迈进数学的大门。

逻辑和数学是联系在一起的，而游戏和娱乐却是数学的组成部分。培养思维能力和学习计算方法，与掌握解题方法一样，必须要经过练习，因此，设计好练习题就成为促进思维能力发展的重要一环。

本书收录了357个充满智慧和趣味的数学思维游戏，这些思维游戏可以锻炼学生们综合运用数学、几何学、逻辑学、运筹学、概率论等多方面知识的能力，最大限度地激发青少年的创造力、观察力、数学思维能力和逻辑思维能力。

事实证明，勤于思考、善于思维是大多数成功者通往成功的秘籍。看过本书后，你一定深信一句话：思维是玩出来的，逻辑是练出来的，头脑就是这样变聪明的！

每天一道题，只需要很少的时间就能让你的大脑得到充分锻炼，并不断激发数学思维，培养一种独立思考的能力，从而举一反三。坚持下来，你会发现自己的大脑越来越好用，越来越灵光。还等什么？快让你的大脑动起来吧！

编　者
2021 年 5 月

目录

第一部分　经 典 古 题

1．鸡兔同笼

今有若干鸡、兔同笼,上有 35 个头,下有 94 只脚,问鸡、兔各有多少只?

2．韩信点兵

韩信率军出征,他想知道一共带了多少士兵,于是命令士兵每 10 个人一排排好,排到最后发现缺 1 个人。

他认为这样不吉利,就改为每 9 个人一排,可最后一排又缺了 1 个人。

改成 8 个人一排,最后一排仍缺 1 个人。

7 个人一排,缺 1 个人。

6 个人一排,缺 1 个人。

5 个人一排,缺 1 个人。

4 个人一排,缺 1 个人。

3 个人一排,缺 1 个人。

直到 2 个人一排还是缺 1 个人。

韩信仰天长叹,难道这场仗注定要以失败告终吗?

你能算出韩信至少带了多少士兵吗?

3．余米推数

一天夜里,某粮店遭窃,店里的 3 箩米所剩无几。官府派相关人员勘查现场后发现, 3 个同样大小的箩,第 1 个剩 1 合米,第 2 个剩 14 合米,第 3 个剩 1 合米。当问及店老板丢失多少米时,老板回答说,只记得原来 3 箩米是一样多的,具体丢多少不清楚。后来抓到了 3 名盗贼,他们供认:甲用马勺从第 1 箩里掏米,乙用木屐从第 2 箩里掏米,丙用大碗从第 3 箩里掏米,每次都掏满。经测量,马勺容量为 19 合,木屐容量为 17 合,大碗容量为 12 合。请问 3 名小偷各偷走了多少米?

提示:合是一种传统盛米容器, 10 合为 1 升, 10 升为 1 斗, 10 斗为 1 石。

4．兔子问题

如果每对大兔每月生一对小兔，而每对小兔生长一个月就能成为大兔，并且所有的兔子全部存活，那么有人养了初生的一对小兔，一年后共有多少对兔子？

5．数不知总

现在有一个数，不知道是多少。用 5 除可以除尽；用 715 除，余数为 10；用 247 除，余数是 140；用 391 除，余数是 245；用 187 除，余数是 109。请问这个数是多少？

6．运米问题

一个人用车装米，从甲地运往乙地，装米的车日行 25 千米，不装米的空车日行 35 千米，5 日往返 3 次。请问两地相距多少千米？

7．利息问题

一个债主拿借方的绢作为抵押品，债务过期 1 天要缴纳 1 尺绢作为利息，过期 2 天利息是 2 尺，这样，每天的利息都要比前一天增多 1 尺。请问如果过期 100 天，共需要缴纳利息为多少尺绢？

8．三女归家

一家有 3 个女儿都已出嫁，大女儿 5 天回一次娘家，二女儿 4 天回一次娘家，小女儿 3 天回一次娘家。3 个女儿从娘家同一天离开后，至少再隔多少天可以再次在娘家相会？

9．三女刺绣

有 3 个女儿各绣一块花样，大女儿用了 7 天绣完，二女儿用了 8 天半绣完，小女儿用了 $9\frac{2}{3}$ 天绣完。现在 3 个女儿一起来绣这块花样，需用多少天绣完？

10．洗碗问题

一位农妇在河边洗碗。邻居问：“你家里来了多少客人，要用这么多碗？”她答道：“客人每 2 位合用 1 只饭碗，每 3 位合用 1 只汤碗，每 4 位合用 1 只菜碗，一共洗了 65 只碗。”请问她家里究竟来了多少位客人？

11．有女善织

有一位善于织布的妇女，每天织的布都比前一天翻一番，5 天共织了 62 尺布。请问她每天各织布多少尺？

12．五家共井

现在有 5 家共用一口井，甲、乙、丙、丁、戊 5 家各有一条绳子汲水（下面用文字表示每一家的绳子）：甲×2＋乙＝井深，乙×3＋丙＝井深，丙×4＋丁＝井深，丁×5＋戊＝井深，戊×6＋甲＝井深。求甲、乙、丙、丁、戊各家绳子的长度和井深。

13. 关税问题

某人携带金子过 5 个关口，第 1 关收税 1/2，第 2 关收 1/3，第 3、4、5 关分别收税 1/4、1/5、1/6，一共被收税正好 1 斤重。请问原来携带了多少金子？

14. 相遇问题

甲从长安出发，需 5 天到达齐国；乙从齐国出发，需 7 天到达长安。现在乙从齐国出发 2 天后，甲才从长安出发。请问几天后两人相遇？

15. 紫草染绢

用 1 匹绢能换紫草 30 斤，这 30 斤紫草能染 25 尺绢。现在有 7 匹绢，准备用其中一部分去换紫草，来染剩下的绢。请问要拿多少绢去换紫草？换多少斤紫草？

提示：按古法，1 匹等于 4 丈，1 丈等于 10 尺。

16. 木长几何

用 1 根绳子去量 1 根长木，绳子还剩余 4.5 尺，将绳子对折后再量长木，长木多出 1 尺，请问长木有多长？

17. 好马与劣马

有好马和劣马同时从长安出发去齐国。齐国离长安 3000 里。好马第一天走 193 里。以后每天比前一天增加 13 里；劣马第一天走 97 里，以后每天比前一天减少半里。好马先到达齐国，马上回头去迎接劣马。请问一共走多少天两马才能相遇？这时两马各走了多少里？

18. 老鼠穿墙

有一大一小两只老鼠想见面，可是隔着一堵墙，于是它们齐声喊道："咱们一起打洞吧！"接着，它们找了一处对着的地方打起洞来。头一天各打进墙内 1 尺。大老鼠越干越有劲，以后每天的进度都比前一天多 1 倍；小老鼠却越干越累，以后每天的进度都是前一天的一半。

现在知道墙壁厚 5 尺，问几天后它们才能会面？会面时大老鼠和小老鼠各打进了几尺？

19. 余数问题

一个数，用 2 除余 1，用 5 除余 2，用 7 除余 3，用 9 除余 4，请问这个数最小是几？

20. 汉诺塔问题

古印度有个传说：神庙里有三根金刚石棒，第 1 根上面套着 64 个圆金片，自下而上从大到小摆放。有人预言，如果把第 1 根石棒上的金片全部搬到第 3 根上，世界末日就来了。当然，搬动这些金片是有一定规则的，可以借用中间的一根棒，但每次只能搬动 1 个金片，且大的金片不能放在小的金片上面。为了不让世界末日到来，神庙众高僧日夜守护，不让其他人靠近。这时候，一个数学家路过此地，看到这样的情景后笑了。

请问他为什么笑？

21．铜币问题

某人对一个朋友说："如果你给我 100 枚铜币，我将比你富有 2 倍。"朋友回答说："你只要给我 10 枚铜币，我就比你富有 6 倍。"请问这两人各有多少枚铜币？

22．七猫问题

在 7 间房子里，每间都养着 7 只猫。在这 7 只猫中，不论哪只，都能捕到 7 只老鼠，而这 7 只老鼠，每只都要吃掉 7 个麦穗。假设每个麦穗都能剥下 7 颗麦粒。

请问房子、猫、老鼠、麦穗、麦粒都加在一起总共应该是多少？

23．黑蛇进洞

一条长 80 安古拉（古印度长度单位）的大黑蛇，以 5/14 天爬 15/2 安古拉的速度爬进一个洞，而蛇尾每 1/4 天却要长 11/4 安古拉。请问黑蛇需要几天才能完全爬进洞？

24．埃及金字塔的高度

世界闻名的金字塔是古代埃及国王们的坟墓，这些建筑雄伟高大，形状像个"金"字，故而称为金字塔。它的底面是个正方形，塔身的四面是倾斜着的等腰三角形。2600 多年前，埃及有位国王，请来一位名叫法列士的学者测量金字塔的高度。

按照当时的条件，你知道该怎样计算吗？

25．圆城问题

有一个圆城，不知道大小。城的四面各开一门，门外纵横有几条十字大道。将西北两条大道的交点 A 处定位为乾地。乙从圆城的南门出去，即往东走，走 72 步时停下；甲从乾地往南走 600 步，看到乙时视线正好贴着城边，如图 1-1 所示。

请问这个圆城的直径是多少步？

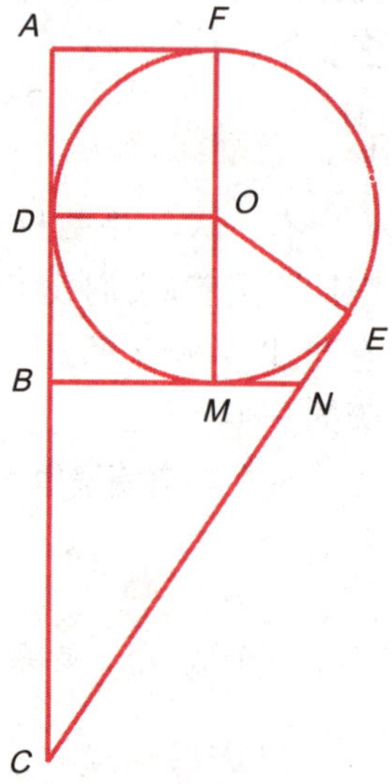

图　1-1

26．方城问题

有一座十里见方的城，正东、正西、正南、正北各开一门。甲、乙两人分别从城中心出发。乙出东门一直走；甲出了南门，不知道走了多远，便开始朝着东北方向走去，路线正好贴着城边，就这样一直走，恰好与乙会合。甲与乙的速度比是 5∶3。

请问甲、乙分别走了多远的路？

27．葭生池中

有一个一丈见方的池塘，正中心生长着一棵芦苇。拉着芦苇的尖端引到岸边，正好与河岸齐平。请问池塘的深度和芦苇的高度各是多少？

28．造仰观台

假设太史官要建造一座梯形的观象台，下底的宽、长都大于上底的宽、长。上、下宽差 2 丈，上、下长差 4 丈，上底的长与宽差 3 丈，高比上底宽多 11 丈。甲县派 1418 人，乙县派 3222 人参加建台，夏季施工，每人每日能筑 75 立方尺，限 5 日完成。

请问台的宽、高、长各是多少？

提示：梯形台体积公式为 $V = (2ab+2cd+ac+bd) \times h/6$（$a$、$b$ 为上底的长与宽，c、d 为下底的长与宽）。

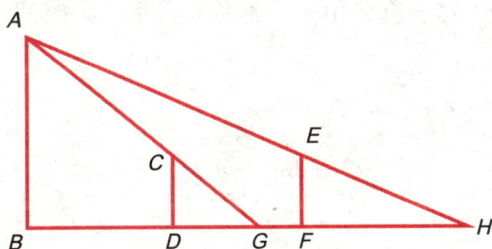

图　1-2

29．望海岛

如图 1-2 所示，假设用两块表测量海岛 AB 的高度，先立两根柱子 CD 和 EF，高均为 5 步，两根柱子的距离 DF 为 1000 步，令后表、前表和海岛在同一直线上。从前表向后退 123 步，人的眼睛贴着地面正好可以从表顶观测到岛峰；从后表向后退 127 步，人的眼睛贴着地面正好可以从后表顶观测到岛峰。请问这个岛高度为多少？岛与前表相距多远？

提示：古代一里为 180 丈，一丈等于 5/3 步。

30．临台测水

如图 1-3 所示，水边有一座城台 $BDLK$，台高 BD 为 30 尺，在上面建楼。城台离台脚的距离 DE 为 2 尺，台脚下是护坡。在护坡上打桩 FG，桩离台脚的距离 EF 为 12 尺，桩露出地面的高度 FG 为 5 尺，顶端与台脚齐平。涨水时，水位正好达到台脚高度。现在退潮，不知道水退去多少，水位到达 MJ 一线。有一个人在台顶楼上栏杆的空隙处挑出一根竿子 BC，望到水边（J 点），视线正好通过竿的顶端 C。这时，人站立的地方离竿的顶端 BC 为 4.15 尺，眼睛的位置离楼面的高度 AB 为 5 尺。

求水退去的深度。

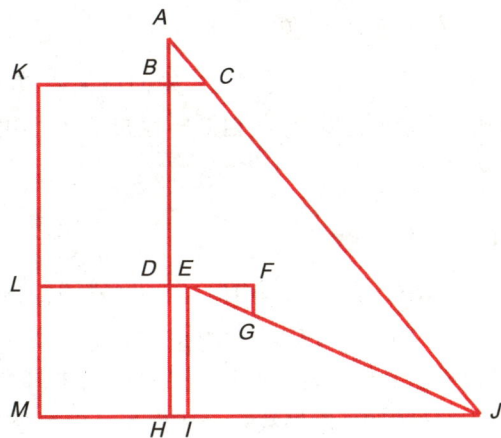

图　1-3

31．圆木问题

有一根圆木被埋在了墙里，不知它有多粗。用锯锯 1 寸深，锯道长 1 尺。请问这个圆木的直径是多少？

32．筑堤问题

官府派遣民夫 1864 人去修堤，第一天派 64 人，以后每天增加 7 个人。每人每天发 3 升米，共发了 430 石 9 斗 2 升米。请问共修堤几天？

提示：用总人数算出天数，再用总米数算出天数，互相对照。

33．割草问题

一组割草人要把两块草地上的草割完。大块草地的面积是小块面积的 2 倍，上午全部人都在大块草地上割草。下午一半人仍留在大块草地上，到傍晚时把大块草地的草割完。另一半人去割小块草地的草，到傍晚还剩下一部分，这一部分由一个割草人再用一天时间刚好割完。

请问这组共有多少割草人？（假设每个割草人的割草速度都相同）

34．狗跑步问题

甲、乙两人相向而行，距离为 50 千米。甲每小时走 3 千米，乙每小时走 2 千米，甲带一只狗，狗每小时跑 5 千米，狗跑得比人快，同甲一起出发，碰到乙后又往甲方向走，碰到甲后又往乙方向走，这样继续下去，直到甲、乙两人相遇时，这只狗一共跑了多少千米？（假设狗的速度恒定，且不计转弯的时间）

35．女生散步问题

一个学校有 15 名女生，她们每天要做三人行的散步。要使每个女生在一周内的每天都做三人行散步，与其他同学组成三人小组时，彼此只有一次相遇在同一小组内，应怎样安排？

36．分牛问题

太阳神有一牛群，由白、黑、花、棕四种颜色的公、母牛组成。

在公牛中，白牛数多于棕牛数，多出之数相当于黑牛数的 1/2；黑牛数多于棕牛数，多出之数相当于花牛数的 1/3；花牛数多于棕牛数，多出之数相当于白牛数的 1/4。

在母牛中，白牛数是全体黑牛（包括公牛）数的 1/3；黑牛数是全体花牛数的 1/4；花牛数是全体棕牛数的 1/5；棕牛数是全体白牛数的 1/6。

请问这群牛最少有多少头？是怎样组成的？

37．哥德巴赫猜想

哥德巴赫是二百多年前德国的数学家。他发现了一个规律：每个大于或等于 6 的偶数，都可以写成两个素数的和（简称"1 + 1"）。如 10 = 3 + 7、16 = 5 + 11 等。他检验了很多偶数，都表明这个结论是正确的。但他无法从理论上证明这个结论是对的。1748 年他写信给当时很有名望的大数学家欧拉,请他指导。欧拉回信说,他相信这个结论是正确的,但也无法证明。因为没有从理论上得到证明,所以这个问题只是一种猜想,我们就把哥德巴赫提出的这个问题称为哥德巴赫猜想。

世界上许多数学家为证明这个猜想做出了很大的努力,他们由“1 + 4”→“1+3”到1966年我国数学家陈景润证明了“1 + 2”。也就是说任何一个充分大的偶数,都可表示成两个数的和,其中一个是素数；另一个或者是素数,或者是两个素数的积。

你能把下面各偶数写成两个素数的和吗?

(1) 100=

(2) 50=

(3) 20=

38. 三十六军官问题

从不同的6个军团中各选6种不同军阶的6名军官共36人,排成一个6行6列的方队,使得各行各列的6名军官恰好来自不同的军团而且军阶各不相同。请问应如何排列这个方队?

39. 分酒问题

某人有8升酒,想把一半赠给别人,但没有4升的容器,只有一个3升和一个5升的容器。利用这两个容器,怎样才能用最少的次数把这8升酒分成相等的两份?

40. 牛吃草问题

牧场上有一片青草,每天都生长得一样快。这片青草供给10头牛吃,可以吃22天；供给16头牛吃,可以吃10天。如果供给25头牛吃,可以吃几天?

41. 七个7

下面是一个特殊的除式问题(见图1-4),请把这个特殊的除式填完整。

```
              xx7xx
xxxx7x ) xx7xxxxxxx
         xxxxxx
         xxxxx7x
         xxxxxxx
           x7xxxx
           x7xxxx
            xxxxxxx
            xxxx7xx
              xxxxxx
              xxxxxx
                   0
```

图 1-4

42. 蜜蜂问题

公园里甲地有两种花,有一群蜜蜂飞来。1/5落在第一种花上,1/3落在第二种花上,其余的飞到乙地。落在乙地同样的两种花上的蜜蜂总数,是甲地两种花上的蜜蜂数量之差(差为正值)的3倍,剩下的最后1只在甲乙两地的花之间来回飞。

请问这群蜜蜂的总数是多少?

43. 短衣问题

有一个雇主约定每年给工人12元钱和一件短衣,工人做工到7个月时想要离去,雇主按比例给了他5元钱和一件短衣。

请问这件短衣价值多少钱?

44. 领导问题

有人问船长,在他的领导下有多少人,他回答说:"2/5 的人去站岗,2/7 的人在吃饭,1/4 的人在医院,剩下 27 人现在在船上。"

请问在他领导下共有多少人?

45. 遗产问题

一位父亲,临终时嘱咐他的儿子们这样来分配他的财产:第一个儿子分得 100 克朗和剩下财产的 1/10;第二个儿子分得 200 克朗和剩下财产的 1/10;第三个儿子分得 300 克朗和剩下财产的 1/10;第四个儿子分得 400 克朗和剩下财产的 1/10……按这种方法一直分下去,最后,每一个儿子所得财产一样多。

请问这位父亲共有几个儿子?每个儿子分得多少财产?这位父亲共留下了多少财产?

46. 遗嘱问题

传说,有一个古罗马人,在他临死时,给怀孕的妻子写了一份遗嘱:生下来的如果是儿子,就把遗产的 2/3 给儿子,母亲拿 1/3;生下来的如果是女儿,就把遗产的 1/3 给女儿,母亲拿 2/3。结果这位妻子生了一男一女,那么该怎样分配,才能接近遗嘱的要求呢?

第二部分　奥数精选

47. 作家

有个作家把自己的文章卖给第一个出版商甲,卖了9000元。由于这篇文章的商业价值不足,甲又把文章卖回给作家,只收了8000元。后来有出版商乙看上了这篇文章,花10000元买了去。还没等出版,乙倒闭,甲重新以8000元的价格从乙手里买了去并出版,获得经济收益5万元。

请问在这个过程中,作家赚了多少钱? (不计写文章的成本)

48. 考试分数

将甲的考试分数位置对调一下,就是乙的考试分数;丙的考试分数的两倍是甲与乙两人分数的差;而乙的分数是丙的分数的10倍。你知道三个人的考试分数各是多少吗?

49. 奇怪的数字

有一个两位数,它的个位与十位的乘积在镜子里一照,正好是这个数个位与十位的和。你能算出这个数是多少吗? (已知两个数都不是0)

50. 合伙买啤酒

4个人打算合伙买啤酒,到了商店之后,发现4个人带的钱各不相同,其中甲的钱加上3元,等于乙的钱减3元,等于丙的钱乘以3,等于丁的钱除以3。4个人的钱数一共是112元。

请问每个人分别带了多少钱?

51. 上学路上

小明从家里到学校,如果每分钟走50米,则到校时正好到上课时间;如果每分钟走60米,则到校时离上课时间还有2分钟。

请问小明家到学校有多远?

52. 两个村庄

甲每小时行12千米,乙每小时行8千米。某日甲从东村到西村,乙同时从西村到东村。

已知乙到东村时，甲已先到西村 5 小时。

求东西两村的距离是多少千米？

53．平均分

小明一个学期 9 次考试的平均分是 80 分，那么他第 10 次考试需要考多少分，才能使 10 次的平均分为 81 分？

54．年龄

村口坐着两个人，其中一位老人虽然年龄很大，但神采奕奕，一个过路人就问他的年龄。老人家说："旁边这个是我的儿子。我的年龄的个位和十位交换一下，便是我儿子的年龄。我只比他大 18 岁。"儿子说："40 多年前，我刚出世没几年，我们家就搬到了这里。"那么他们现在分别是多少岁？

55．伪慈善

一个小伙子经常向身边的朋友们炫耀，称自己经常施舍给那些无家可归的人金钱。一天，他又说："昨天我又施舍了 50 个一元的硬币给 10 个流浪汉。不过我没有把这些钱平均分给他们，而是根据他们的贫穷程度施舍的。每个人最少给了一个一元硬币，而且他们每个人得到的硬币数各不相同。"

"你在撒谎。"一位听到这话的小孩当众指出。

小伙子恼羞成怒："你凭什么说我撒谎，我确实给他们了，也是按我说的方式分配的。你有什么证据说我撒谎？"

小孩解释了一番，大家一听都明白了，原来小伙子确实在说谎。

请问你知道小孩的理由是什么吗？

56．龟兔赛跑

兔子和乌龟赛跑，它们沿着一个圆形的跑道背对背比赛，并规定谁先绕一圈回到出发点谁就胜利。兔子先让乌龟跑了 1/8 圈，然后才开始动身。但是这只兔子太骄傲了，慢吞吞地边走边啃胡萝卜，直到遇到了迎面来的乌龟，它才慌了，因为在相遇的这一点上，兔子才跑了 1/6 圈。请问兔子为了赢得这次比赛，它的速度至少要提高到原来的几倍呢？

57．利润问题

小王是位二手手机销售商。通常情况下，他买下硬件完好的旧手机，然后转手卖出，并从中赚取 30% 的利润。某次，一个客户从小王手里买下一部手机，但是三个月后，手机坏了，大为不满的客户找到小王要求退款。小王拒绝退款，但同意以当时交易价格的 80% 回收这部手机。客户最后很不情愿地答应了。

你知道小王在整个交易中赚了多少个百分点的利润吗?

58. 史上最难的概率题

A、B、C、D 四个人说真话的概率都是 1/3。假如 A 声称 B 否认 C 说 D 是说谎了,那么 D 说的那句话是真话的概率是多少?

59. 掷骰子

甲、乙两个人都不愿意打扫卫生,于是甲对乙说:"我们掷骰子决定吧,现在这里有两个骰子,我们每人掷 1 次,如果两个骰子上显示的数字之和为 1 ~ 6,就算你赢;如果两个数字之和在 7 ~ 12,就算是我赢。输的那个人打扫卫生,怎么样?"乙同意了。掷完骰子,乙输了,于是他就打扫了卫生。第二天,乙发现他上了甲的当,那种掷法不公平。

请问为什么这种掷法是不公平的呢?两种掷法赢的概率差了多少?

60. 赛跑

小狗、小兔子、小马和小山羊在进行百米赛跑。当小狗和小兔子比赛时,小狗跑到终点,小兔子还差 10 米;当小兔子和小马比赛时,小兔子跑到终点,小马还差 10 米;当小马和小山羊比赛时,小山羊跑到终点,小马还差 5 米。那么现在小狗和小山羊比赛,谁能先到终点?另一个还差几米?

61. 羽毛球循环赛

有 6 个好朋友想要进行一次"羽毛球循环赛",每两个人互赛一场。比赛的结果如下。
甲:3 胜 3 败;
乙:0 胜 6 败;
丙:2 胜 4 败;
丁:5 胜 1 败;
戊:4 胜 2 败。
请问第 6 个人的成绩如何?

62. 兔子背胡萝卜

有只兔子在树林采了 100 根胡萝卜堆成一堆,兔子家离胡萝卜堆 50 米,兔子打算把胡萝卜背回家。但是,兔子每次最多只能背 50 根,而且兔子嘴馋,只要手上有胡萝卜,每走一米它就要吃掉一根。

请问兔子最多能背几根胡萝卜回家?

63. 马车运菜

一个城镇在沙漠的中间,人们必须每天到沙漠外面去买蔬菜吃。一天一个人赶着马车到 1000 公里外的地方去买菜,他买到 3000 千克的蔬菜,但是自己的马车一次只能装 1000 千克的货物,而且由于路途遥远,马每走一公里就要吃掉 1 公斤菜。

请问这个人最多可以运回多少菜?

64．砝码称重

有一架没有横标尺的天平，只能用砝码称量。这里有 10 克、20 克、40 克和 80 克的砝码各一个。那么：

（1）任意在这 4 个砝码中选择两个组合，可以称出多少种不同的重量？

（2）由于丢失 1 个砝码，用这架天平没有办法称出 70 克和 120 克的物品。

请问丢失的砝码是哪一个呢？

65．称量水果

在果园工作的送货员 A，给一家罐头加工厂送了 10 箱桃子。每个桃子重 500 克，每箱装 20 个。正当他送完货，要回果园的时候，接到了从果园打来的电话，说由于分类错误，这 10 箱桃子中有 1 箱装的是每个 400 克的桃子，要送货员把这箱桃子带回果园以便更换。但是手边又没有秤，怎样从 10 箱桃子中找出到底哪一箱的分量不足呢？

正在这时，他忽然发现路旁有一台自动称量体重的机器，投进去 1 元硬币就可以称量一次重量。他的口袋里刚好有一枚 1 元硬币，当然也就只能称量 1 次。那么他应该怎样充分利用这仅有的 1 次机会，来找出那一箱不符合规格的产品呢？

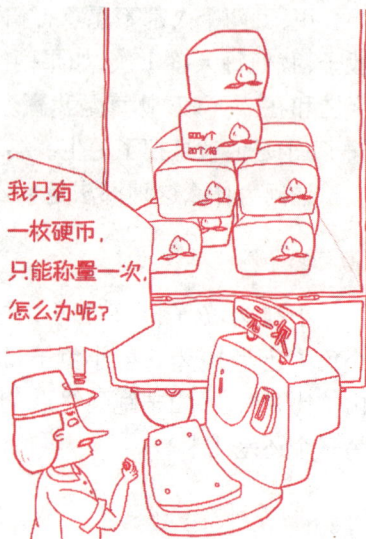

66．丢手绢游戏

幼儿园的阿姨组织孩子们玩丢手绢游戏，所有的小朋友们都在一起围成一个大圆圈。这时老师发现，虽然这些孩子有男有女，但是他们却有一个规律，就是每个小朋友都与两个性别相同的人相邻。

如果这个游戏中共有 12 个女孩参加，那么，你能算出一共有多少人参加这个游戏吗？

67．剩下的牌

有 9 张纸牌，分别为 1～9。A、B、C、D 四人取牌，每人取 2 张。现已知 A 取的 2 张牌之和是 10；B 取的 2 张牌之差是 1；C 取的 2 张牌之积是 24；D 取的 2 张牌之商是 3。

请问他们 4 人各拿了哪两张纸牌？剩下的一张又是什么牌？

68．火车过桥问题

某列车通过 250 米长的隧道用 25 秒，通过 210 米的铁桥用 23 秒。该列车与另一列长 320 米，速度为每小时行驶 64.8 千米的火车错车时需要多少秒？

69．骑自行车

李强骑自行车从甲地到乙地，每小时行 12 千米，5 小时到达。从乙地返回甲地时因逆风多用了 1 小时，返回时平均每小时前行多少千米？

70. 硬币的正面与反面

传说 18 世纪法国著名的数学家达兰倍尔发现了一个问题。拿 2 个五分硬币往下扔,会出现的情况只有 3 种:2 个都是正面;1 个是正面,1 个是背面;2 个都是背面。因此,2 个都出现正面的概率是 1/3。

你想想,这位数学家错在哪里?

71. 市长竞选

一个市要选出 2 名副市长,1 名市长。现在有 7 名候选人参与竞选,而参加投票的代表共有 49 人,每个人只能投 1 票,不许弃权,前三名得票最多的人当选。

请问最少需要获得几票才能确保当选?

72. 排数字

有 4 个数字,分别是 1、2、3、4。现在把这 4 个数字排成一排,要求中间的 2 个数字之和是 5,4 挨着 1 并在 1 的左边,最后的数字比最左边的数字大。

请问你能把这几个数字按要求排列出来吗?

73. 四姐妹的年龄

一家有 4 个姐妹,他们 4 个人的年龄乘起来的积为 15。那么,他们各自的年龄是多大呢?(年龄应为整数)

74. 海运

有一艘船专门从事海运,在国外装满货物后船重 5.5 吨,路上被海关拦截,损失了 1/3 的货物,到岸时,整艘船重 5.1 吨。

请问他们在国外一共装了多少吨的货物? 船本身有多重?

75. 酒精纯度

甲种酒精纯酒精含量为 72%,乙种酒精纯酒精含量为 58%,混合后纯酒精含量为 62%。如果每种酒精取的数量比原来多 15 升,混合后纯酒精含量为 63.25%。

请问第一次混合时,甲、乙两种酒精各取了多少升?

76. 卖报纸

一天,某报刊亭一共卖掉 50 份《日报》,60 份《晚报》,70 份《晨报》。其中有 14 个人买了《晚报》和《晨报》,12 个人买了《日报》和《晚报》,13 个人买了《日报》和《晨报》,还有 3 个人三种报纸都买了。

请问这一天一共来了多少位顾客?

77. 小明吃苹果

小明很爱吃苹果。一天,爸爸给他买了一堆苹果,他吃掉的苹果数比剩下的苹果数多 4 个。过了一会儿,他又吃了 1 个苹果。这时,他吃掉的苹果数是剩下的苹果数的 3 倍。

请问爸爸一共给小明买了多少个苹果?

78. 种树

7 个小队共种树 100 棵,各小队种的棵数都不相同,其中种树最多的小队种了 18 棵,种树最少的小队最少种了多少棵?

79. 折页

一天,爸爸把一本 45 页的书折起了一页纸,然后对小明说:"除了我折起的这页纸外,其余的页码之和正好为 1000。你知道我折起的这页纸的两个页码是多少吗?"

你能帮小明算一下吗?

80. 插图

一本书上有很多插图,第一个插图在第 2 页。接下来,每隔 3 页有一页插图。请计算一下,第 10 幅插图在第几页?

81. 三堆硬币

桌子上有 3 堆硬币,一共 48 枚。先从第 1 堆里取出与第 2 堆数量相等的硬币并入第 2 堆中,再从第 2 堆里取出与第 3 堆数量相等的硬币并入第 3 堆中,最后从第 3 堆里取出与第 1 堆数量相等的硬币并入第 1 堆中,此时,3 堆硬币的数量相同。

你知道最开始时,3 堆各有多少枚硬币吗?

82. 平均速度

小明骑车上学,速度为 20 千米 / 小时,放学回家的速度为 10 千米 / 小时。请问他来回两次的平均速度是多少?

83. 男孩和女孩

幼儿园里,老师组织小朋友们一起游泳。男孩子戴的是天蓝色游泳帽,女孩子戴的是粉红色游泳帽。

有趣的是:在每一个男孩子看来,天蓝色游泳帽与粉红色游泳帽一样多;而在每一个女孩子看来,天蓝色游泳帽是粉红色游泳帽的 2 倍。

你说说看,男孩子与女孩子各有多少个?

第三部分　趣　味　数　学

84. 默想的数字

一天,爸爸对小明说:"你在心里默想一个数字,然后把这个数字减去3,再把结果乘以2,然后再加上你默想的这个数字。你把结果告诉我,我就能知道你想的数是多少。"

你知道其中的秘密在哪里吗?

85. 抽屉原理

有一桶彩球,分为3种颜色:黄色、绿色、红色,你闭上眼睛抓取。

请问至少抓取多少个,就可以确定你手上肯定有至少2个彩球是同一颜色?

86. 分放宝石

从前有一个外国使者,想难为一下年轻的王子。使者拿出了30颗硕大的宝石和蓝色、红色两个盒子,对王子说:"我们来做一个游戏,在开始的时候,要让你蒙上眼睛,我把这30颗宝石分别往这两个盒子里面放。如果我往红盒子里放,每次放1颗;如果我往蓝盒子里放,就每次放2颗。每放1次,我旁边的同伴就会拍1次掌,当我放完后,你要说出有多少颗宝石在红盒子里。如果猜对的话,这些宝石就全是你的;如果猜错了,你要给我和这些宝石相等价值的宝物。可以吗?"王子同意了,于是按要求去做,王子听到21次拍掌。他很快就说出了红盒子里宝石的数量,结果他赢得了宝石。

请问红盒子里有多少颗宝石?

87. 12 枚硬币

有12枚硬币,包括1分、2分和5分,共3角6分。其中有5枚硬币是一样的,那么这5枚一定是几分的硬币?

88. 国王的年龄

考古队到沙漠考古,发现了一个墓碑,上面记着这样几句话:"我曾经是一个伟大的国王。在我的一生中,前1/8是快乐的童年。过完童年,我花了1/4的生命来周游世界,增加自己的才能。在这之后,我继承了皇位,休养生息4年后,获得了强大的国力,然后与邻国开始了持续12年的战争。我在位的时间只持续了我生命的1/2,之后被奸臣推下了台,便在绝望中度过了9年,随后也结束了我的一生。"

根据墓碑上的信息,你能算出这个国王的年龄吗?

89. 哪桶是啤酒

一位酒商有 6 桶酒,容量分别为 30 升、32 升、36 升、38 升、40 升、62 升。其中 5 桶装着葡萄酒,一桶装着啤酒。第一位顾客买走了两桶葡萄酒;第二位顾客所买的葡萄酒则是第一位顾客的两倍。

请问哪一个桶里装着啤酒?(酒是要整桶出售的)

90. 砝码数量

有一个天平,想要用它称出来 1 ~ 121 克所有重量为整数克的物品,至少要多少个砝码?每个砝码重多少克?

91. 星期几

今天是星期三,那么 30000 天后是星期几?

92. 抽奖

一次学校里举行元旦晚会,有一个抽奖活动。参加活动的人数一共有 64 人。大奖只有一个,老师决定:把所有的人围成一个大圆圈。先从老师开始,算第 1 号,开始数数,他右边的人算第 2 号,然后 3 号,每隔一人数一个,数到是奇数的人都站出来,剩下的继续数,直到剩下最后一个人,大奖就归他。一个聪明的学生故意站到一个位置上,最后正好就剩下了他。

你知道他站在哪里了吗?

93. 两手数数

从左手的拇指开始数,数到右手小指,再从左手小指数到右手拇指,然后折回去,经过两个小指再到左右拇指,请问第 2000 根手指是哪个呢?(折回去数时两拇指都不重复计数)

94. 1=2?

假设 $a=b$,且 $a>0$,$b>0$,下列算式则可由上式推导出下式,即

$$ab=bb$$
$$ab-aa=bb-aa$$
$$a(b-a)=(b+a)(b-a)$$
$$a=b+a$$
$$a=2a$$
$$1=2$$

上面的证明过程哪里错了?

95. 颠三倒四

你有办法用三个 3 得到一个 4 吗?

96．重新排列

把 5 组 1～5 的 25 个数字填在一个 5×5 的方格中，使横、纵各行数字的和都相等，并且在同一行中一个数字不得出现两次。你会填吗？

97．年龄问题

有一位女士长得很漂亮，经常有人问起她的年龄。她不愿意直接回答，就说："我女儿的年龄是我儿子的 3 倍，我的年龄是我女儿的 6 倍，而我的年龄乘以我儿子的年龄就是我丈夫的年龄。如果我丈夫的年龄加上女儿和儿子的年龄，正好是孩子外祖母的年龄，今天我们要去她家庆祝她的 80 大寿。"听了这么多，你知道她的儿子、女儿、老公和她自己的年龄到底是多少吗？

98．刷碗

小明和小红是兄妹俩，妈妈让他们去刷碗，自己在客厅里看电视。等到 10 个碗都刷完的时候，兄妹俩一起走到妈妈面前，妈妈转过脸对他们说："小明，把你刷的碗数乘以 3；小红，把你刷的碗数乘以 4，再把两个数加起来，告诉我答案。"

两人同时回答为 34。

妈妈说："那我知道你们每个人刷多少碗了，小明刷的碗比小红多。"

请你算一下，两人各刷了几个碗，妈妈是怎么知道的？

99．画出球的表面积

假如给你一个足够大的圆规、一个足球、一张白纸。你能只用圆规在白纸上画出足球表面积一半那么大的圆吗？

100．两数之差的三角形

请在图 3-1 中，把所给的数字根据两条简单的规则插入三角形状的阵列中：一条规则是每个数字只能出现一次，另一条是每个数字必须是它正上方两个数字之差。比如，如果相邻两个数分别是 6 和 4，那么它们下面的数字就必须是 2。

最小的三角形已经填入 1～3 的数字，你能否将接下来的三角形分别填上 1～6、1～10 和 1～15 的数字呢？

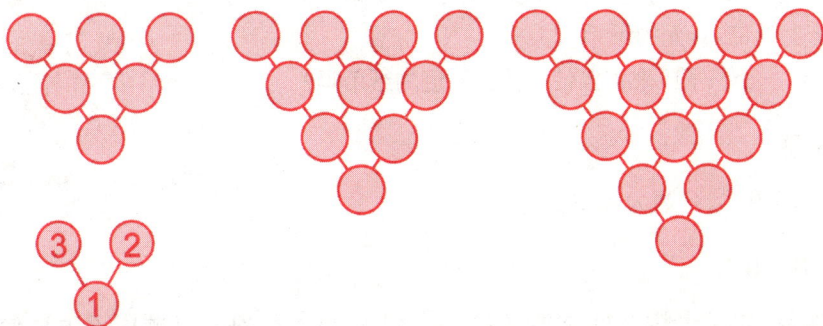

图　3-1

101．几个零

你能不计算就看出来 $1×2×3×4×5×6×\cdots×200$ 的结果中,末尾有多少个连续的数字 0 吗?

表 3-1

2	9	4
7	5	3
6	1	8

102．魔术方阵

我们知道用 9 个自然数能排成一个其纵向、横向、斜向相加之和均为 15 的魔术方阵。(见表 3-1)

现在,你能找出 9 个不同的自然数,排成一个其纵向、横向、斜向相加之和均为 18 的方阵吗?

103．有趣的算术题

在什么情况下,下列算式都能成立?

$$24+36=1$$
$$11+13=1$$
$$158+207=1$$
$$46+54=1$$
$$2-1=1$$

104．有多少个 3

你能算出 0 ~ 99 的 100 个数字中,共有多少个 3 吗?

105．最后三位数是什么

625 的 625 次方的最后三位数是多少?

106．凑钱买礼物

母亲节就要到了,三个孩子想凑钱合伙给妈妈买个礼物,他们把所有的钱都掏出来,结果一共有 32 元钱,其中有两张纸币是 10 元的,两张是 5 元的,两张是 1 元的。每个孩子所带的钱中没有两张是相同面值的,而且,没带 10 元纸币的孩子也没带 1 元的纸币,没带 5 元纸币的孩子也没带 10 元的纸币。

你知道这三个孩子原来各自带了什么面值的纸币吗?

107．算术题

用 7 除 2000^{2000},余数为多少?

108．拼凑出 10

请在图 3-2 的 4 张牌之间添加 (、)、+、×、÷ 这 5 个符号(顺序不限),使计算结果是 10。

图 3-2

109. 翻黑桃

4 张 A 背面朝上摆在你面前,发牌者告诉你,黑桃 A 在前 3 张里的概率是 90%。现在你翻开前两张发现都不是黑桃。

请问黑桃 A 是第 3 张和第 4 张的概率分别是多少?

110. 红黑相同

现有一副去掉 2 张王的扑克牌共 52 张。把它洗匀后,分成 A、B 两组,各 26 张。

请问这时 A 组中的黑色牌数和 B 组中的红色牌数相同的概率有多大?

111. 手里的剩牌

三个人一起玩牌,玩到一半的时候统计各自手里的剩牌张数。小王说:"我还剩 12 张,比小李少 2 张,比小张多 1 张。"小李说:"我剩的张数在三个人中不是最少的,小张和我相差了 3 张,他剩了 15 张。"小张说:"我剩的张数比小王少,小王剩了 13 张,小李剩了 11 张。"

如果三个人每个人说的三句话中只有两句是正确的,那么他们分别剩了多少张牌呢?

112. 六色相同

从一副完整的扑克牌中至少抽出多少张,才能保证 6 张牌的花色相同?

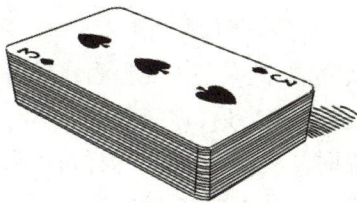

113. 有趣的 37

37 这个数字很有趣,不信请看下面的这些算式:

$$37 \times 3 = 111$$
$$37 \times 6 = 222$$
$$37 \times 9 = 333$$
$$37 \times 12 = 444$$
$$37 \times 15 = 555$$

…

根据这些算式,你能用 6 个 1,6 个 2,…,6 个 9 分别组成一个算式,使结果都是 37 吗?

114. 有趣的算式

已知:

$$7 \times 9 = 63$$

$$77 \times 99 = 7623$$
$$777 \times 999 = 776223$$

请不通过计算,直接写出下面式子的结果:

$$7777 \times 9999 =$$
$$77777 \times 99999 =$$
$$777777 \times 999999 =$$
$$7777777 \times 9999999 =$$

115. 公平分配

三个人共同出钱,到镇上去买生活用品,回来后,除了酒之外的其他物品都可以均匀地分成 3 份。由于当时粗心大意,回来后他们才发现买的 21 瓶酒被商家动了手脚:最上面的 7 瓶是满的,中间一层的 7 瓶酒都只有一半,而最下面一层的 7 瓶是空瓶子。

去找商家讨账是不太现实的了,那么请问三个人如何公平地分这些酒呢?

提示: 2 个半瓶可以合为 1 个满瓶。

116. 曹操的难题

官渡之战,曹操和袁绍对峙数月,曹操的粮草渐渐不支。依照曹军 20 万军队,他还可以支撑 7 天。第 2 天张辽带着大批人马来援助曹操,两队人马合在一起,曹操一算,现在的粮草只能支撑 5 天。

那你知道张辽带来了多少人吗?

117. 酒徒戒酒

有一个人对酒上瘾,一天三顿饭离不开酒,看电视时要喝酒,写东西时要喝酒,无聊了要喝酒,高兴了也要喝酒,但是长此以往身体就扛不住了。医生给他支了个招:"你这样,第 1 次喝完之后,你能坚持 1 小时以后再喝吗?"他说:"可以。"医生说:"那好,第 2 次间隔时间变成 2 小时,这样可以做到吗?"他说:"可以。"医生说:"那接下来,第 3 次的间隔时间是 4 小时,以此类推,第 4 次是 8 小时……每次间隔时间都是上次的 2 倍。如果你能坚持,一定能戒掉酒的。"你知道这是为什么吗?

118. 某个数字

如果 9□ × □ = 57□ 的 3 个方框中是同一个数(一位数),该是哪个数呢?

119. 死者的年龄

一名数学家去参加一位朋友父亲的葬礼,问起死者的出生年,朋友回答道:你不是数学家吗?现在告诉你几个信息,你自己算算吧。

(1) 死者没有活到 100 岁;

(2) 今年是 1990 年;

(3) 在过去的某一年,那一年的数字正好是死者当时年龄的平方。

你能算出他的出生年吗？

120．分蛋糕

小霞过生日，家里来了 19 个同学，爸爸买了 9 个小蛋糕来招待这 20 个小朋友。怎么分呢？不分给谁也不好，应该每个人都有份。那就只有把这些蛋糕切开了，可是切成碎块儿太不方便吃了，爸爸希望每个蛋糕最多分成 5 块。

请问你有什么办法吗？

121．涂色问题

在下面的 1×6 矩形长条中涂上红、黄、蓝 3 种颜色，每种颜色限涂两格，且相邻两格不同色。则不同的涂色方法共有多少种？

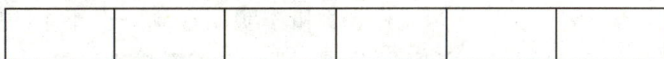

122．分奖金

甲、乙、丙、丁四个人是清洁工，在春节期间，临时负责24 条街道的清洁工作。他们约定，每个人负责 6 个街区。但是，由于丙家里有事，没有时间打扫，这 24 条街道就由另外三个人负责了。这样，甲打扫了 7 条街道，乙打扫了 9 条街道，丁打扫了 8 条街道。后来发了奖金，在所有人领完自己的奖金后，丙让其他 3 个人分了自己的那一份：2400 元。

请问三个人应该怎么分配这些钱呢？

123．拨开关

对一批编号为 1～100，全部开关朝上（开）的灯依次进行以下操作：

（1）凡是 1 的倍数，反方向拨一次开关；

（2）2 的倍数，反方向再拨一次开关；

（3）3 的倍数，反方向再拨一次开关。

其他以此类推。

请问最后为关熄状态的灯的编号是多少？

124．一个比四个

有两个一样大的正方形，一个正方形内有一个内切圆，另一个正方形分成了 4 个完全相同的小正方形，每个小正方形内有一个内切小圆。

请问 4 个小圆的面积之和与大圆的面积哪个大？

125．兔妈妈分萝卜

兔妈妈分萝卜：如果家中每个宝宝分 1 根，那么剩 1 根；如果每个宝宝分 2 根，那么少2 根。请问家中有几个宝宝？兔妈妈有几根萝卜？

126．不变的三位数

随便写一个三位数，然后在这个三位数后面再写一次这个三位数，这样就变成了一个六位数。把这个六位数除以 7,然后用结果除以 11,最后再除以 13,所得的结果还是这个三位数。

你知道这是为什么吗?

127. 口袋里的钱

甲:"我们 3 人口袋里的钱都不超过 30 元。"

乙:"我口袋里的钱的平方减去甲口袋里钱的平方正好是丙口袋里钱的平方。"

丙:"我的钱减去甲的钱再加上乙的钱就是丁口袋里的钱数。"

请问 4 人口袋里各有多少钱?

128. 赌注太小

王丫丫和李明明在玩一个小小的赌博游戏。王丫丫开始分牌,并且定下了规则:第 1 局输的人,输掉他所有钱的 1/5;第 2 局输的人,输掉他那时拥有的钱的 1/4;第 3 局输的人,须支付他当时拥有的钱的 1/3。

于是他们开始玩,并且互相间准确付了钱。第 3 局李明明输了,付完钱后他站起来说:"我觉得这种游戏投入的精力过多,回报太少。直到现在我们之间的钱数,总共才相差 7 元钱。"这自然是很小的赌博,因为他们合起来一共只有 75 元钱的赌本。

请问在游戏开始的时候王丫丫有多少钱呢?

129. 算 24 点

4 个 0 经过怎样的数学运算可以算出 24?

130. 失落的数字

把图 3-3 中失落的数字补上,使这个除法算式成立。

131. 时钟密码

先看一看图 3-4 中两时钟所组成的前面的算式,然后根据规律计算一下最后算式的结果是多少。

132. 火车开车时间

小刘:"我们出差的那趟火车是几点开车?"

小张:"开车的时间再过 1999 小时 2000 分钟 2001 秒,正好是 12 点。你应该能算出开车的具体时间吧。"

小刘傻眼了。

你能帮他把时间算出来吗?

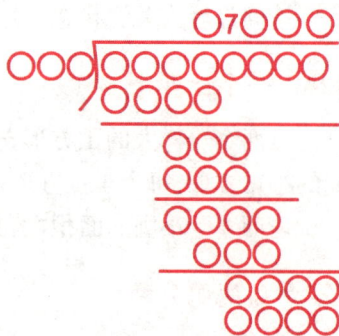

图 3-3

图　3-4

133．相差的银子

一个财主死了，留下了 100 两银子的财产。他有 10 个儿子，遗嘱要求从小到大，每 2 人相差的银子数量都一样，而且又要给第 8 个儿子分到 6 两银子。10 个儿子你看看我我看看你，都不知道该怎么分。

你能帮他们分清这笔遗产吗？每 2 个人相差的银子是多少？

134．数学天才的难题

杜登尼是一位数学天才，这是他所提出的一个非常难解的七边形谜题。请在图 3-5 中填入数字 1 ~ 14（不能重复），使得每边的三个数之和都等于 26。

135．星形幻方

你能否把数字 1 ~ 14 填入图 3-6 中的空格处，使每一条直线上的数之和都为 30？

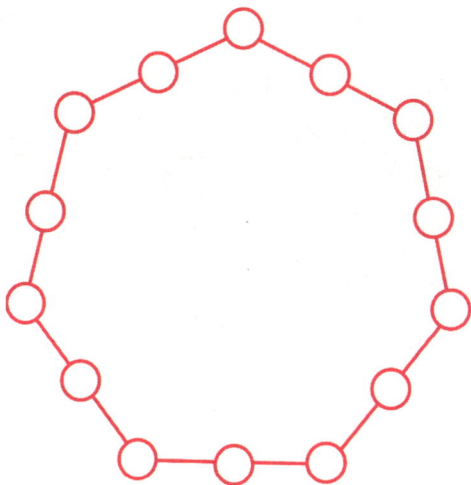

图　3-5

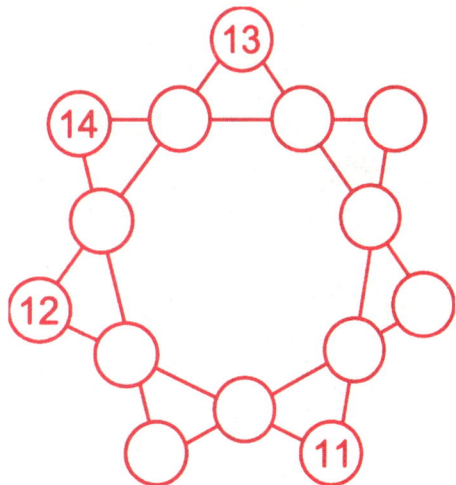

图　3-6

136．五角幻方

如图 3-7 所示，你能把 1 ~ 12 这些数字填入圆圈（7、11 除外），使得每条直线上的数的和都为 24？数字 3、6 和 9 已经被填入。

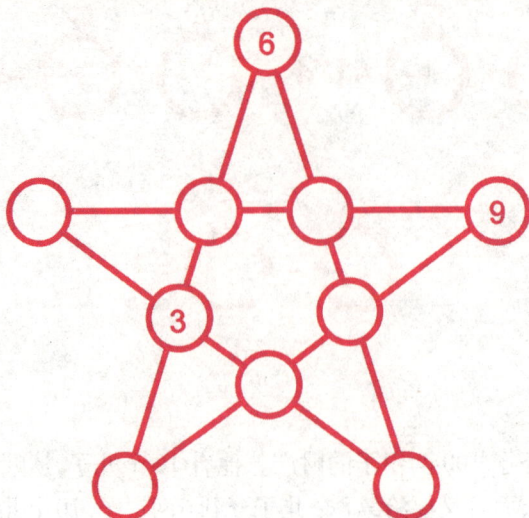

图 3-7

第四部分 数字规律

137. 相同的项数

已知两列数：2，5，8，11，…，2 + (200 − 1) ×3；5，9，13，17，…，5 + (200 − 1) ×4。它们都是 200 项，请问这两列数中相同的项数共有多少对？

138. 数字的规律

根据下面数字之间的规律，请问问号处的数字应该是多少？

1，8，27，? ，125，216

139. 有名的数列

你知道问号处代表的数是什么吗？

1，1，2，3，5，8，13，21，?

140. 猜字母

按照给出的字母规律，问号处应该填什么？

O，T，T，F，F，S，S，E，?

141. 字母找规律

请从逻辑的角度，在后面的横线上填入后续字母。

A，D，G，J，_____

142. 排列规律

找出下列数字的排列规律，问号处应该是什么数字？

9，12，21，48，?

143. 找规律

下面是按规律排列的一串数，问其中的第 1995 项是多少？

2，5，8，11，14，…

144. 不能被除尽

在从 1 开始的自然数中，第 100 个不能被 3 除尽的数是多少？

145. 连续的偶数和

把 1988 表示成 28 个连续偶数的和,那么其中最大的那个偶数是多少?

146. 智力测验

请在行末横线上填上空缺的字母。

E, H, L, O, S, _____

147. 填字母

根据所给字母的规律,写出问号处应该是什么字母?

M, T, W, T, F, ?, ?

148. 缺的是什么字母

根据所给字母的规律,问号处应该是什么字母?

J, F, M, A, ?, ?, J, A, S, ?, ?, D

149. 组成单词

用下面 6 个字母(可重复使用)可以构成一个常用的英文单词,你能把它找出来吗?

B, D, E, G, O, Y

150. 写数列

把下面这个数列按照它的规律继续写下去。

1, 10, 3, 9, 5, 8, 7, 7, 9, 6, …

151. 下一个数字

根据给出的数字规律,请找出问号处数字是多少。

2, 3, 5, 7, 11, 13, ?

152. 字母排列

根据给出的字母之间的规律,请找出问号处是什么字母。

B, A, C, B, D, C, E, D, F, ?

153. 代表什么

如果圆代表 1,五角星代表 10,正方形代表 4,那么正六边形代表多少?

154. 商与余数相等

在大于 1000 的整数中,找出所有被 34 除后商与余数相等的数,这些数的和是多少?

155. 字母旁的数字

根据给出的各组字母与数字间的联系,请问字母 W 旁的问号该是什么呢?

G7, M13, U21, J10, W?

156．黄色卡片

盒子里装着分别写有 1、2、3、…、134、135 的红色卡片各 1 张,从盒中任意摸出若干张卡片,并算出这若干张卡片上各数的和除以 17 的余数,再把这个余数写在另 1 张黄色的卡片上放回盒内,经过若干次这样的操作后,盒内还剩下 2 张红色卡片和 1 张黄色卡片,已知这 2 张红色的卡片上写的数分别是 19 和 97,求那张黄色卡片上所写的数。

157．排列的规律

下面的各算式是按规律排列的：1 + 1, 2 + 3, 3 + 5, 4 + 7, 1 + 9, 2 + 11, 3 + 13, 4 + 15, 1 + 17, …。那么其中哪一个算式的结果是 1992？

158．数字找规律

请从逻辑的角度,在横线上填入后续数字。

1, 3, 6, 10, _____

159．智力测验

请在横线上填上空缺的数字。

2, 5, 8, 11, _____

160．猜数字

请从逻辑的角度,在横线上填入后续数字。

1, 2, 6, 24, 120, _____

161．天才测验

按照给出数字的规律,问号处是什么数字？

3/5, 7/20, 13/51, 21/104, ?

第五部分　看图填数

162．代表的数字

在图 5-1 中,心形和笑脸分别代表的数字是多少?

163．填数字

把 1 ~ 9 这 9 个数字填入图 5-2 的空格中,使得它们组成 5 个数字(其中 2 个一位数,2 个两位数,1 个三位数),且中间的三位数分别等于两边 2 个数的乘积。你知道该怎么填吗?

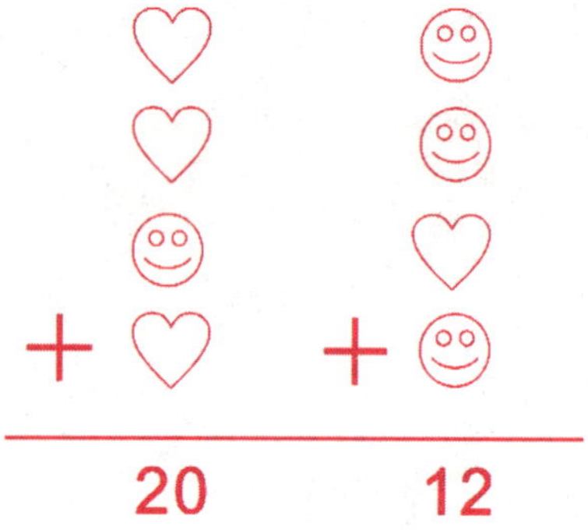

图　5-1

$$\Box \times \Box\Box = \Box\Box\Box = \Box\Box \times \Box$$

图　5-2

164．双环填数

图 5-3 中有 2 个环,请根据已有数字的规律,确定问号处应该填的数字。

165．三环填数

图 5-4 中有 3 个圆环,请在上面的小圆圈中填入数字 1 ~ 9,使得每个圆环上 4 个数字的和都是 19。

166．填数游戏

如图 5-5 所示,请根据给出数字的规律,确定问号处应该填的数字。

167．数字之和

请在图 5-6 中填入数字 1 ~ 11,使得每条直线上 3 个数字之和都相等。你知道怎么填吗?

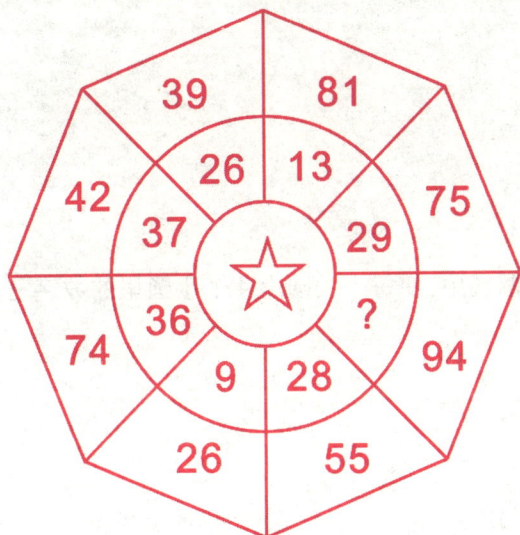

图 5-3

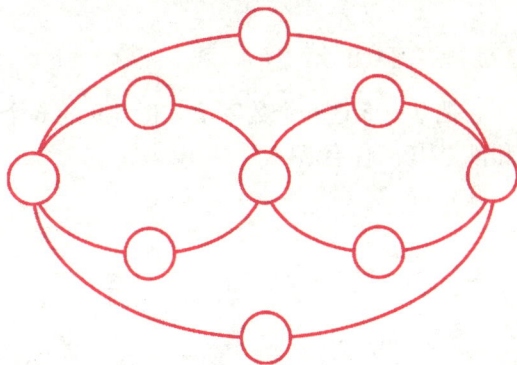

图 5-4

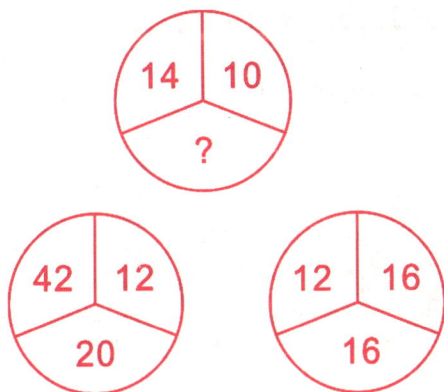

图 5-5

图 5-6

168. 数字金字塔

图5-7中的这个金字塔,规则很简单,下面一层的2个数字相加,和是上面的1个数字。图中一些数字已经给出,请把剩余的数字补齐吧。

169. 缺少的数字

请想一想图5-8中缺少的数字是几。

170. 计算数字

计算下面几个 x 的值。

(1) $x \times x \div x = x$

(2) $(x+x) \times x = 10x$

171. 等于 10

把 0 ~ 5 这 6 个数字填入图 5-9 的 6 个小圆圈中,使每个大圆上 4 个小圆里的数字之和都是 10。你会填吗?

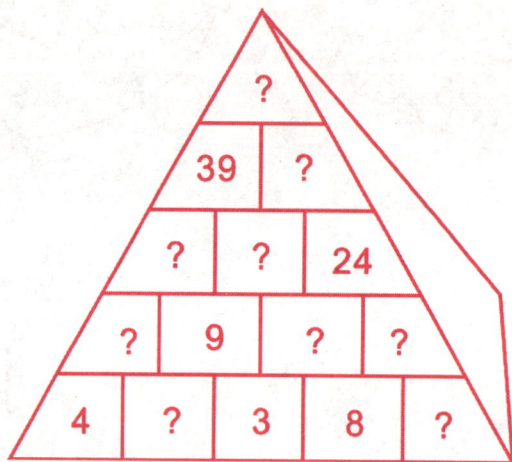

图 5-7

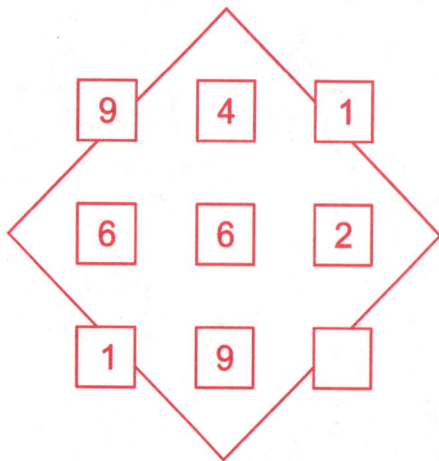

图 5-8

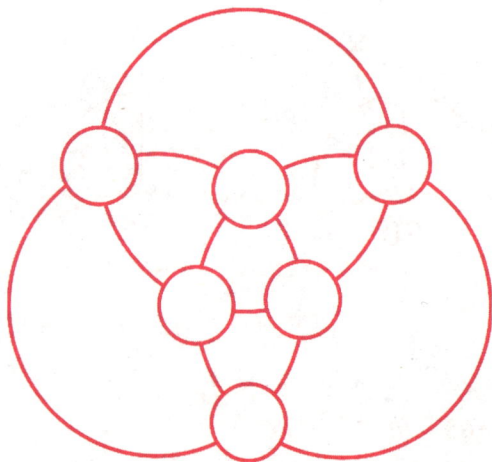

图 5-9

172. 两数之差

请大家在图 5-10 中的 8 个圆圈里填上 1 ~ 8 这 8 个数字,规定由线段连着的 2 个相邻圆圈中的两数之差不能为 1。例如,如果最左边的圆圈填了 5,那么 4 与 6 就都不能放在第 2 列的某个圆圈内。

图　5-10

173．字母问题

表 5-1 中每个字母都代表 1 个数字,而表中右侧和下部的数字则表示该行或列所有字母代表的数字总和。你能把"?"处所代表的数字算出来吗?

表　5-1

A	B	B	B	A	16
A	E	A	E	C	19
A	B	E	A	C	17
A	C	A	B	D	16
B	D	B	D	C	?
22	12	18	16	?	

174．等边三角形

请把 1 ～ 9 这 9 个数字填入图 5-11 中的 9 个小圆圈内,使得图中的 7 个大大小小的等边三角形 3 个顶点的数字之和都相等。你知道怎么填吗?

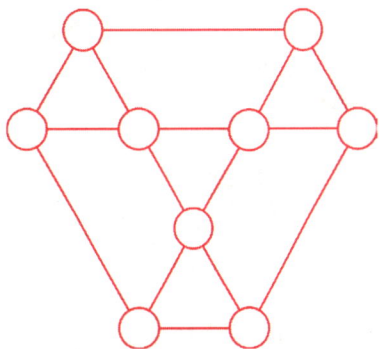

175．中间数字

将数字 1 ～ 9 填到图 5-12 中的 9 个圆圈里,使十字的两条线上的 5 个数字之和都为 27。你知道中间的位置应该填几吗?

图　5-11

176．幻方

图 5-13 中是 5×5 的方格，请把数字 1～25 填入下面的空格中，使得每行、每列以及两条主对角线上的数字之和都是 65，且灰色方格内的数字必须是奇数。你知道该怎么填吗？

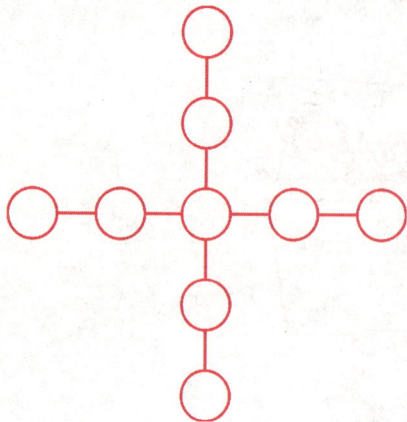

图 5-12

图 5-13

177．菱形方阵

请把数字 1～12 填入图 5-14 的菱形方阵中的小圆圈内，使得每个小菱形 4 个角位置的数字之和都是 26。你知道该怎么填吗？

178．调换数字

如图 5-15 所示，图中 4 个梯形及两条对角线上的 4 个数字之和都是 18，现在请你调换 2 组数字，让 2 个正方形顶点的 4 个数字之和也为 18。你能做到吗？

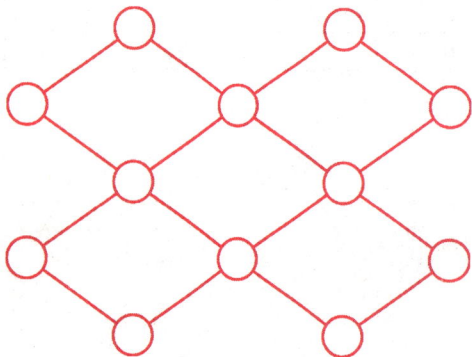

图 5-14

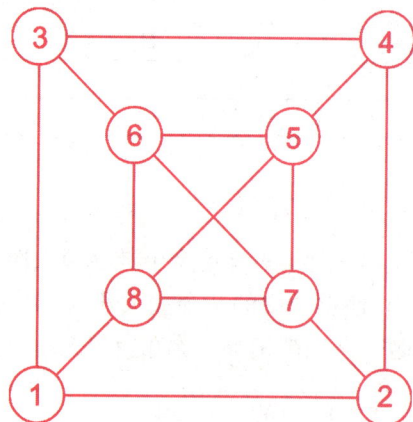

图 5-15

179．结果相同

图 5-16 中有 2 组数字，请在每组数字中间的问号处分别填入 1 个乘号、1 个除号，使得 2 组数字计算出来的结果相同。你知道该怎么填吗？

180. 重叠的圆

图 5-17 中有 4 个相互重叠在一起的圆,上面有一些数字,请根据这些数字之间的规律,写出问号处代表的数字。

图 5-16

图 5-17

181. 算式阵

图 5-18 中是一个奇妙的算式阵,只要你把 1~9 这 9 个数字分别填进下面的 9 个圆圈内,每个数字只允许填 1 次,那么这 6 个等式都能成立。你知道该怎么填吗?

182. 圆圈数字

图 5-19 中有 5 个圆,这些圆有 9 个交叉点,请把 1~9 这 9 个数字填入这 9 个交叉点处的圆圈内,使得每个圆上的 4 个数字之和都是 20。你会填吗?

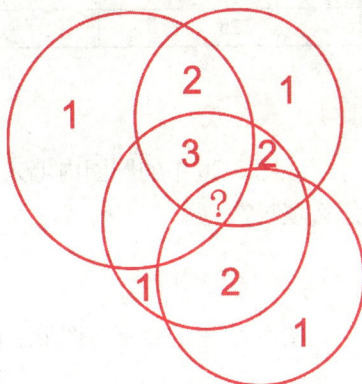

图 5-18

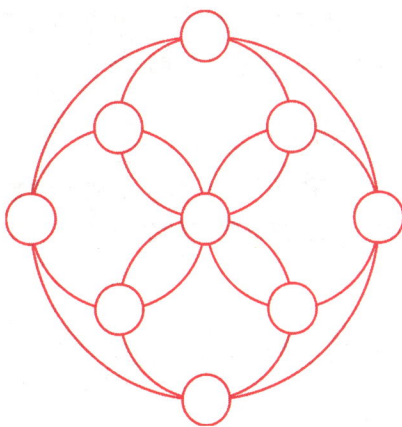

图 5-19

183. 剔除的数字

在表 5-2 中有 16 个数字,现在请你剔除掉其中 4 个,使得每行、每列的数字之和都是 60。你能做到吗?

表 5-2

20	15	25	20
15	25	20	25
20	25	15	15
25	20	15	20

184. 不等式

在图 5-20 中的圆圈内填入 1～9 这 9 个数字,使图中的所有不等式都成立。你知道该怎么填吗?

185. 数字与图形

图 5-21 中的数字与图形之间存在某种关系,你能找出来问号处应该填几吗?

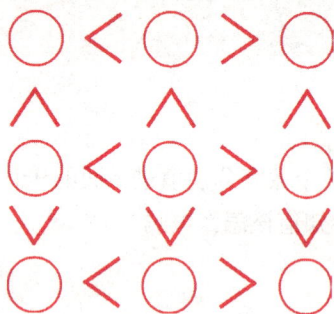

图 5-20

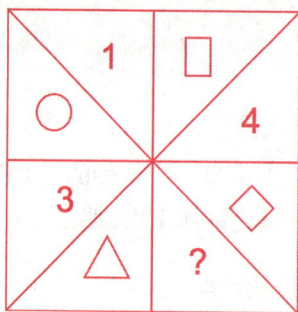

图 5-21

186. 四则运算

请将 1～8 这 8 个数字填入图 5-22 的椭圆内,使得 4 个等式成立。你会填吗? (答案不止一种,满足条件即可)

187. 寻找公式

如图 5-23 所示,五角星中的数字是由旁边的 3 个数字用一个特定的公式计算出来的结果。你能根据给出的数字找出这个公式来吗?

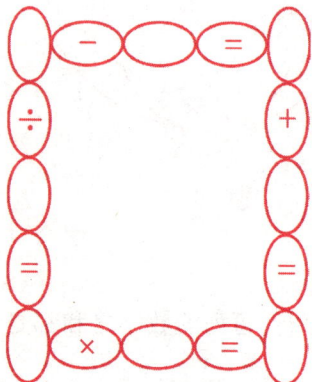

图 5-22

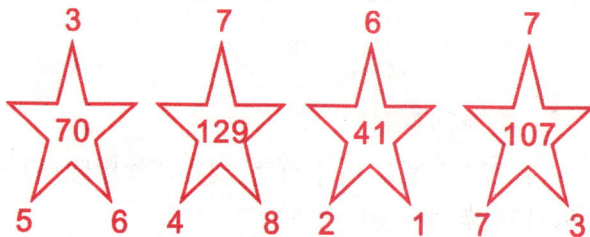

图 5-23

188. 伞上的数字

图 5-24 是一把雨伞的顶部,上面有两圈数字,请根据给出数字的规律,确定问号处应该是数字几。

189. 重叠

图 5-25 中有两个等边三角形,它们的面积差为 48,其中 AB : BC : CD = 2 : 1 : 4,你能根据这些求出重叠部分的面积吗?

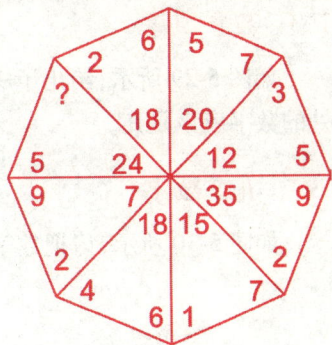

图　5-24

190. 内接图形

如图 5-26 所示,大正方形内部有一个内接圆,在圆的内部再内接一个正方形。请问大小两个正方形的面积比是多少?

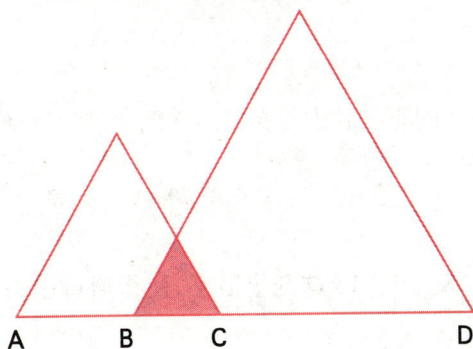

图　5-25

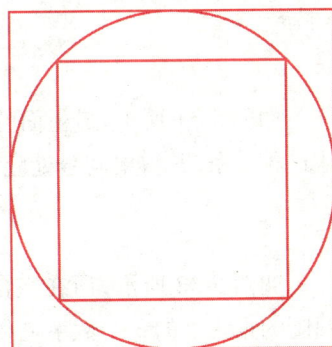

图　5-26

191. 找规律

观察图 5-27 中的数字之间的规律,你知道问号处应该填什么数吗?

192. 太阳光

如图 5-28 所示,外圈的数字间存在一定的规律,你能根据这个规律写出问号处代表的数字吗?

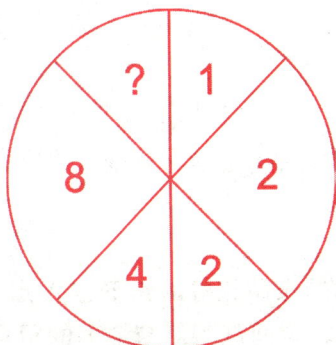

图　5-27

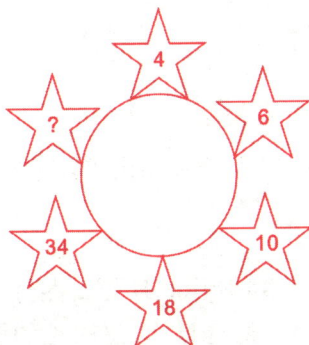

图　5-28

193．数字规律

如图 5-29 所示，给出了一排数字，它们之间是有规律的。请根据已知的数字，确认问号处的数字应该是几。

194．九个数字

如图 5-30 所示，请把数字 1 ～ 9 填入圆圈中，使得等式成立。

图 5-29　　　　　　　　　　　　　　　图 5-30

195．数字关系

如图 5-31 所示，最上面的数字与其他 4 个数字之间有某种内在关系。你能通过计算确认这种关系，并得出问号处应该是什么吗？

196．三数之和

如图 5-32 所示，请在空白处填入 1、3、6、7、8、11、13 这几个数字，使得通过中央圆圈的直线上的 3 个数字之和都是 21。你能做到吗？

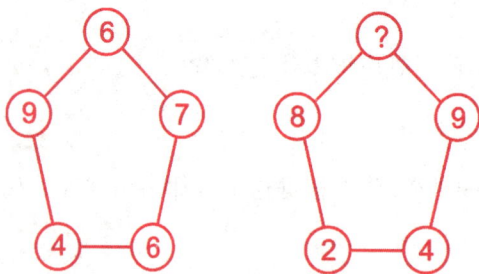

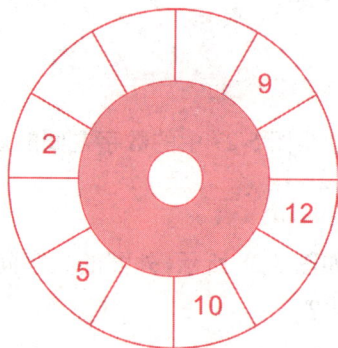

图　5-31　　　　　　　　　　　　　　　图　5-32

197．奇怪的关系

请根据图 5-33 中给出的数字之间的关系，确定问号处应该是什么数字。

198．影子

如图 5-34 所示，B 是一盏灯。一个身高 1.8 米的人站在灯的正下方 A 点处，他向前走 3 米后，到达 D 点，这时他的影子 DE 长为 2 米。请问这盏灯与地面的距离 AB 为多少？

15	2
4	5

75	10
1	26

40	?
7	18

A.10　B.21　C.3　D.7

图 5-33

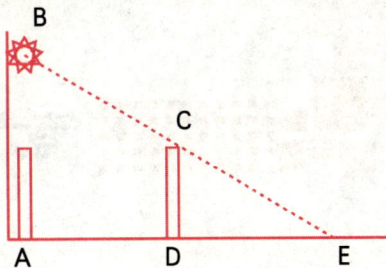

图 5-34

199．华氏温度

图 5-35 是一个温度计，上面有华氏度和摄氏度之间的关系。请根据给出的数字，求出 104 华氏度等于多少摄氏度。

200．房顶的数字

图 5-36 中有两座小房子，房顶的数字与下面墙上的数字之间有个固定的关系。你能根据给出的数字找出这种关系，并计算出问号处代表的数字吗？

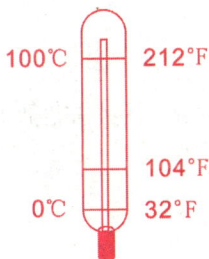

图 5-35

图 5-36

第六部分　猜　数　游　戏

201. 抽卡片

有 24 张卡片，上面分别写着 1 ～ 24 这 24 个数。

甲、乙两人按以下规则选取卡片：轮流选取一张卡片，然后在数字前加一个正负号。卡片全部抽完后将这 24 个数相加会得到其和，设为 S。

甲先开始，他选取卡片和添加符号的目的是使 S 的绝对值尽量小；乙的目的则和甲相反，是使 S 的绝对值尽量大。

假如两人足够聪明，那么最后得到的 S 绝对值是多少呢？

202. 猜数字

放学后，小明回到家中，和爸爸玩起了一个很好玩的猜数字游戏。爸爸从 1 ～ 1024 中任意选择一个整数，记在心中，然后如实回答小明提出的 10 个问题，小明总能猜出爸爸想的数字是什么。

你知道这 10 个问题是如何设计的吗？

203. 猜年龄

小张在一所学校当老师，最近学校新进 2 名同事小李和老王。小张想知道小李的年龄。小李喜欢开玩笑，于是对小张说："想知道我的年龄并不难，你猜猜看吧！我的年龄和老王的年龄合起来是 48 岁，老王现在的年龄是我过去某一年的年龄的两倍；在过去的那一年，老王的年龄又是将来某一年我的年龄的一半；而到将来的某一年，我的年龄将是老王过去当他的年龄是我的年龄 3 倍时的年龄的 3 倍。你能算出来我现在是多少岁了吗？"

小张被绕糊涂了，你能帮他算出小李现在的年龄吗？

204. 猜单双

周末晚上，爸爸陪小明玩猜单双的游戏。爸爸先交给小明 5 根火柴，让他藏在背后，分成两只手拿着，然后爸爸要求小明把左手的火柴数乘以 2，右手的火柴数乘以 3，然后把 2 个积相加。小明算出结果为 14，爸爸马上猜出小明左手拿的火柴数是单数，右手拿的火柴数是双数。

你知道爸爸是怎么猜出来的吗？

205．猜颜色

有 5 个外表一样的药瓶,里边分别装有红、黄、蓝、绿、黑 5 色的药丸,现在由甲、乙、丙、丁、戊 5 个人来猜药丸的颜色。

甲说:"第 2 瓶是蓝色,第 3 瓶是黑色。"

乙说:"第 2 瓶是绿色,第 4 瓶是红色。"

丙说:"第 1 瓶是红色,第 5 瓶是黄色。"

丁说:"第 3 瓶是绿色,第 4 瓶是黄色。"

戊说:"第 2 瓶是黑色,第 5 瓶是蓝色。"

事实上,5 个人都只猜对了 1 瓶,并且每人猜对的颜色都不同。请问每瓶分别装了什么颜色的药丸?

206．手心的名字

春游的时候,老师带着 4 名学生 A、B、C、D 一起做猜名字的游戏。游戏很简单:

首先,老师在自己的手上用圆珠笔写了 4 个人中的一个人的名字。

然后他握紧手,在此过程中,不让 4 名学生中的任何一个看到。

最后,老师对他们 4 人说:"我在手上写了你们 4 个人之中一个人的名字,猜猜我写了谁的名字?"

A 回答说:"是 C 的名字。"

B 回答说:"不是我的名字。"

C 回答说:"不是我的名字。"

D 回答说:"是 A 的名字。"

4 名学生猜完之后,老师说:"你们 4 个人中只有 1 个人猜对了,其他 3 个人都猜错了。"

4 个人听了以后,都很快猜出老师手中写的是谁的名字了。

你知道老师手中写的是谁的名字吗?

207．纸条上的数字

老师出了一道测试题想考考皮皮和琪琪。她写了 2 张纸条,对折起来后,让皮皮、琪琪每人拿一张,并说:"你们手中的纸条上写的数都是自然数,这 2 个数相乘的积是 8 或 16。现在,你们能通过手中纸条上的数字,推出对方手中纸条的数字吗?"

皮皮看了自己手中纸条上的数字后,说:"我猜不出琪琪的数字。"

琪琪看了自己手中纸条上的数字后,也说:"我猜不出皮皮的数字。"

听了琪琪的话后,皮皮又推算了会儿,说:"我还是推不出琪琪的数字。"

琪琪听了皮皮的话后,重新推算了会儿,也说:"我同样推不出来。"

听了琪琪的话后,皮皮很快地说:"我知道琪琪手中纸条的数字了。"并报出数字,果然对了。

你知道琪琪手中纸条上的数字是多少吗?

208．教授有几个孩子

一天,一位数学教授去同事家做客,他们坐在窗前聊天,从庭院中传来一大群孩子的嬉笑声。

客人就问:"您有几个孩子?"

主人:"那些孩子不全是我的,那是 4 个家庭的孩子。我的孩子最多,弟弟的其次,妹妹的再次,叔叔的孩子最少。他们吵闹成一团,因为他们不能按每队 9 人凑成 2 队。可也真巧,如果把我们这 4 家孩子的数目相乘,其积正好是我们房子的门牌号,这个号码您是知道的。"

客人:"让我来试试把每一家孩子的数目算出来。不过要解这个问题,已知数据还不够。请告诉我,你叔叔的孩子是一个呢,还是不止一个呢?"

于是主人回答了这个问题。客人听后,很快就准确地计算出了每家孩子的数目。

你在不知道主人家门牌号码和他叔叔家是否只有一个孩子的情况下,能否算出这道题呢?

209．猜帽子上的数字

100 个人每人戴一顶帽子,每顶帽子上有一个数字(数字限制在 0 ~ 99 的整数),这些数字有可能重复。每个人只能看到其他 99 个人帽子上的数字,看不到自己帽子上的数字。这时要求所有人同时说出一个数字,是否存在一个策略,使得至少有一个人说出的是自己头上帽子的数字?如果存在,请构造出具体的推算方法;如果不存在,请给出严格的证明。

210．猜猜年龄

小张和小王在路上遇见了小王的 3 个熟人 A、B、C。

小张问小王:"他们 3 个人今年多大?"

小王想了想说:"那我就考考你吧。他们 3 个人的年龄之和为我们 2 个人的年龄之和,他们 3 个人的年龄相乘等于 2450。"

小张算了算说:"我还是不知道。"

小王听后笑了笑说:"那我再给你一个条件:他们 3 个人的年龄都比我们的朋友小李要小。"

小张听后说:"那我知道了。"

请问小李的年龄是多少?

211．母子的年龄

一天，华华和妈妈一起在街上走，遇见了妈妈的同事。妈妈的同事问华华今年几岁，华华说："妈妈比我大 26 岁，4 年后妈妈的年龄是我的 3 倍。"你能猜出华华和她妈妈今年各是多少岁吗？

212．猜一猜她的年龄

小陈的岁数有如下特点：

（1）她的 3 次方是一个四位数，而 4 次方是一个六位数；

（2）这四位数和六位数的各位数字正好是 0～9 这 10 个数字。

请问小陈今年多少岁？

213．猜明星的年龄

甲、乙、丙、丁 4 个人在议论一位明星的年龄。

甲说："她不会超过 25 岁。"

乙说："她不超过 30 岁。"

丙说："她绝对在 35 岁以上。"

丁说："她的岁数在 40 岁以下。"

实际上只有一个人说对了。

那么下列选项中正确的答案是（   ）。

A．甲说得对

B．她的年龄在 40 岁以上

C．她的岁数为 35～40 岁

D．丁说得对

214．五个人的年龄

甲、乙两位数学老师同路回家，路上遇到甲老师的 3 位邻居，甲老师对乙老师说："这 3 位邻居年龄的乘积是 2450，他们的年龄之和是你的 2 倍，请你猜猜他们的年龄。"乙老师思考了一阵说："不对，还差一个条件。"甲老师也思考了一阵："对，的确还差一个条件，这个条件就是他们的年龄都比我小。"

请问这 5 个人的年龄各是多少？

215．奇妙的数列

在图 6-1 中，这个数列很奇妙，需要注意的是最后一个圆圈里，确实是 7 而不是 8。你能找出它的规律吗？并填上问号处空缺的数字。

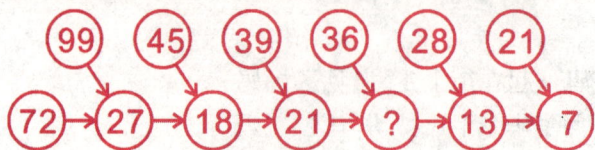

图 6-1

216. 纸片游戏

Q 先生、S 先生和 P 先生在一起做游戏。Q 先生用两张小纸片各写了一个数。这两个数都是正整数,差为 1。他把一张纸片贴在 S 先生额头上,另一张贴在 P 先生额头上。于是,两个人只能看见对方额头上的数。

Q 先生不断地问:"你们谁能猜到自己头上的数?"

S 先生说:"我猜不到。"

P 先生说:"我也猜不到。"

S 先生又说:"我还是猜不到。"

P 先生又说:"我也猜不到。"

S 先生仍然猜不到,P 先生也猜不到。

S 先生和 P 先生都已经三次猜不到了。

可是,到了第四次,S 先生喊起来:"我知道了!"

P 先生也喊道:"我也知道了!"

请问 S 先生和 P 先生头上各是什么数?

217. 奇怪的样子

请根据图 6-2 中数字边框的样子猜一猜,数字 6 的边框应该是什么样子的。

218. 各是什么数字

A、B、C 三个人头上的帽子上各有一个大于 0 的整数,三个人都只能看到别人头上的数字,看不到自己头上的数字。但有一点是三个人都知道的,那就是三个人都是很有逻辑的人,总是可以做出正确的判断,并且三个人总是说实话。

现在,告诉三个人已知条件为:其中一个数字为另外两个数字之和。然后开始对三个人提问。

先问 A:"你知道自己头上的数字是多少吗?"

A 回答:"不知道。"

然后问 B:"你知道自己头上的数字是多少吗?"

图 6-2

B 回答："不知道。"

问 C，C 也回答："不知道。"

再次问 A，A 回答："我头上是 20。"

请问 B、C 头上分别是什么数字？（有多种情况）

219．教师的生日

小明和小强都是张老师的学生，张老师的生日是 M 月 N 日，两个人都不知道。张老师的生日是下列 10 组日期中的一天，他把 M 值告诉了小明，把 N 值告诉了小强，张老师问他们是否知道他的生日是哪一天。

小明说："如果我不知道，小强肯定也不知道。"

小强说："本来我也不知道，但是现在我知道了。"

小明说："哦，那我也知道了。"

请根据以上对话推断出张老师的生日是哪个月份的哪一天。

3 月 4 日，3 月 5 日，3 月 8 日

6 月 4 日，6 月 7 日

9 月 1 日，9 月 5 日

12 月 1 日，12 月 2 日，12 月 8 日

220．找零件

张师傅带了两名徒弟小王和小李。一天，张师傅想看看他们两个人谁更聪明一点，于是，他将两名徒弟带进仓库，里面有以下 11 种规格的零件。

8∶10，8∶20

10∶25，10∶30，10∶35

12∶30

14∶40

16∶30，16∶40，16∶45

18∶40

说明："∶"前的数字表示零件的长度，"∶"后的数字表示零件的直径，单位都是 mm。

他把徒弟小王、小李叫到跟前，告诉他们："我将把我所需要的零件的长度和直径分别告诉你们，看你们谁能最先挑出我要的那个零件。"于是，他悄悄地把这个零件的长度告诉

了徒弟小王,把直径告诉了徒弟小李。

徒弟小王和徒弟小李都沉默了一阵。

徒弟小王说:"我不知道是哪个零件。"

徒弟小李也说:"我也不知道是哪个。"

随即徒弟小王说:"现在我知道了。"

徒弟小李也说:"那我也知道了。"

然后,他们同时走向一个零件。张师傅看后,高兴地笑了,原来那个零件正是自己需要的那一个。

你知道张师傅需要的零件是哪一个吗?

221. 猜字母

甲先生对乙先生说自己会读心术,乙不相信,于是两人开始实验。

甲先生说:"那我们来猜字母吧。你从 26 个英文字母中随便想 1 个,记在心里。"

乙先生:"嗯,想好了。"

甲先生:"现在我要问你几个问题,你如实回答就可以了。"

乙先生:"好的,请问吧。"

甲先生:"你想的那个字母在 carthorse 这个词中有吗?"

乙先生:"有的。"

甲先生:"在 senatorial 这个词中有吗?"

乙先生:"没有。"

甲先生:"在 indeterminables 这个词中有吗?"

乙先生:"有的。"

甲先生:"在 realisaton 这个词中有吗?"

乙先生:"有的。"

甲先生:"在 orchestra 这个词中有吗?"

乙先生:"没有。"

甲先生:"在 disestablishmentarianism 中有吗?"

乙先生:"有的。"

甲先生:"我知道,你的回答有些是谎话。不过没关系,但你得告诉我,你上面的 6 个回答中,有几个是真实的?"

乙先生:"3 个。"

甲先生:"行了,我已经知道你心中想的字母是什么了!"

说完甲说出了一个字母,正是乙心里想的那个!

请问乙先生心中所想的字母是什么?甲先生是如何猜出来的呢?

222. 聪明程度

1987 年的某一天,伦敦《金融时报》刊登了一个很怪异的竞赛广告。这个广告要求参与者寄回一个 0 ~ 100 的整数,获胜条件是你选择的这个数,最接近全体参与者寄回的所有

数的平均值的 2/3。获胜者将获得两张伦敦到纽约飞机头等舱的往返机票。

如果你是这个竞赛的参与者,你会选哪个数呢?

223．求数字

5 个一位整数之和为 30,其中一个是 1,一个是 8,而这 5 个数的乘积是 2520。你能说出余下的是哪三个数吗?

224．猜一猜小张的生日

在 1993 年的某一天,小张过完了他的生日,并且他此时的年龄正好是他出生年份的 4 个数之和。你能推算出小张是哪一年出生的吗?

225．有趣的组合

幼儿园有 10 个小朋友,老师让他们每人从 0 ~ 9 这 10 个数字中拿一个数字。拿完之后,小朋友分成了两组:一边 4 个人、一边 6 个人。老师看了之后,兴奋地说:"太巧了。4 个小朋友组成的四位数,正好是某个两位数的 3 次方;而另外 6 个小朋友组成的六位数,是这个数的 4 次方。"你能猜出这个两位数是多少吗?

226．猜出你拿走的数字

首先把 2012 年 12 月 21 日的年、月、日列在一起组成一个 8 位数 20121221,然后把你自己的生日也按照这个格式组成一个 8 位数。假设是 1970 年 7 月 7 日出生,这个数字就是 19700707。接下来,用 20121221 减去你的生日得到一个新数,即 20121221−19700707=421414,不妨把这个新数字称为玛雅数字。

接下来,我们把玛雅数字倒着写一遍,421414 倒过来就是 414124。之后把正着写的玛雅数字和倒着写的玛雅数字相减,大的减小的,得到 421414−414124=7290。

此时你可以从这个结果中的数字里挑选一个你喜欢的数字(0 除外),把它拿走,比如 2,然后把剩下的数字相加之和告诉我,即 (7+9+0=16)。

整个过程中我都不知道你的生日是哪一天,也不知道你的玛雅数字是什么。但只是因为 2012 年 12 月 21 日是个不寻常的一天,20121221 是个不寻常的数字,所以当你报出剩下的数字之和时,大家都可以知道你把哪个数字拿走了!

不论观众有多少位,只要按照以上的步骤来演示,只要诚心,都可以依靠 2012 的魔力,在玛雅人的暗示下,逐一判断出你拿走的数字是多少,一说一个准。

你相信吗? 你知道这是如何办到的吗?

227．教师的儿子

一个教师有三个儿子,三个儿子的年龄加起来等于 13,三个儿子的年龄乘起来等于教师的年龄。有一个学生知道教师的年龄,但仍不能确定教师三个儿子的年龄,这时教师说只有一个儿子在托儿所,然后这个学生就知道了教师三个儿子的年龄。

请问这三个儿子的年龄分别是多少? 为什么?

228．三个班级

小明的学校举行了一场运动会。在其中的一个比赛项目中，包括小明一共有 12 个学生参加。他们来自 A、B、C 三个不同的班级，每 4 个学生同属一个班级。有意思的是，这 12 个学生的年龄各不相同，但都不超过 13 岁。换句话说，在 1～13 这 13 个数字中，除了某个数字外，其余的数字都恰好是某个学生的年龄，而且小明的年龄最大。如果把每个班级的学生年龄加起来，可以得到以下的结果。

班级 A：年龄总数为 41，包括一个 12 岁的学生；

班级 B：年龄总数为 22，包括一个 5 岁的学生；

班级 C：年龄总数为 21，包括一个 4 岁学生。

而且，只有班级 A 中有两名学生只相差 1 岁。

请回答下面两个问题：

（1）小明属于哪个班级？

（2）每个班级中的学生各是多大？

229．神奇数表

有如图 6-3 所示的 5 张表，你在心里想一个不超过 31 的数。请你指出，你想的这个数都在哪张表中有，那么我就会知道你想的数是多少。

这 5 张表是怎么制出来的呢？

1	9	17	25
3	11	19	27
5	13	21	29
7	15	23	31

A

2	10	18	26
3	11	19	27
6	14	22	30
2	15	23	31

B

4	12	20	28
5	13	21	29
6	14	22	30
7	15	23	31

C

8	12	24	28
9	13	25	29
10	14	26	30
11	15	27	31

D

16	20	24	28
17	21	25	29
18	22	26	30
19	23	27	31

E

图 6-3

230. 苏州街

陈一婧住在苏州街,这条大街上房子的编号是从 13 号到 1300 号。龚宇华想知道陈一婧所住的房子号码。龚宇华问道:"它小于 500 吗?"陈一婧作了答复,但她讲了谎话。龚宇华问道:"它是个平方数吗?"陈一婧作了答复,也没有说实话。龚宇华又问道:"它是个立方数吗?"陈一婧回答并讲了真话。龚宇华说道:"如果我知道第 2 位数是否是 1,我就能告诉你那所房子的号码。"陈一婧告诉了他第 2 位数是否是 1,龚宇华也讲了他所认为的号码。但是,龚宇华说错了。

陈一婧住的房子是几号?

231. 贴纸条猜数字

一个教逻辑学的教授,有 3 名学生,都非常聪明。一天教授给他们出了一道题,教授在每个人脑门上贴了一张纸条并告诉他们,每个人的纸条上都写了一个正整数,且某两个数的和等于第 3 个数。(每个人可以看见另外两个数,但看不见自己的数)

教授问第一名学生:"你能猜出自己的数吗?"回答不能;问第二名学生,回答不能;问第三名学生,回答还是不能。回头再问第一名学生,回答不能;问第二名学生,回答不能;问第三名学生,回答:"我猜出来了,是 144!"教授很满意地笑了。

请问你能猜出另外两个人头上贴的数是什么吗? 请说出理由。

232. 牌色概率

30 张红桃和 70 张黑桃混在一起放在桌上,甲从中随机抽出 1 张。乙根据偷看的印象说,甲抽到的是黑桃。但是根据当时的情况,乙看正确的可能性是 80%。那么,甲抽到黑桃的概率到底是多少?

233. 转硬币

有两枚同样大小的硬币,一枚固定在桌面上,另一枚绕着它旋转,那么外面的硬币在从初始位置到绕着固定硬币转一圈又回到初始位置的过程中,自转几周呢?

有两枚同样大小的硬币,一枚固定在桌面上,另一枚绕着它旋转,那么外面的硬币从初始位置到绕着固定的硬币转一圈又回到初始位置这个过程中,自转几周呢?

234. 倒卖自行车

一个商人以 50 元卖出了一辆自行车,然后又花了 40 元买了回来,这样显然他赚了 10 元钱,因为原来的自行车又回到他的手里,又多了 10 元钱。

现在他把自己花 40 元买来的自行车以 45 元钱又卖了出去,这样他又赚了 5 元,前后加起来一共赚了 15 元。

但是,有一个人却认为:这个人以一辆价值 50 元的自行车开始,第二次卖出以后他有了 55 元,也就是说他只赚了 5 元钱。50 元卖一辆车是一次纯粹的交换,表明不赚也不赔;只有当他以 40 元买进而以 45 元卖出的时候,才赚了 5 元钱。

而另外一个人却认为:当他以 50 元卖出并以 40 元买进时,他显然是赚了 10 元钱;当他以 45 元卖出时,则是纯粹地交换,不赚也不赔,所以他赚了 10 元钱。

似乎每个人说的都有道理,那么你认为谁才是正确的呢?

235. 枪支弹药

有一个团的士兵,团长经过统计后发现:自己团一共有 200 人,有 140 人有枪,有 160 人有弹药,有 20 人既没有枪也没有弹药。

那你知道有多少人有枪也有弹药? 多少人只有枪? 多少人只有弹药?

236. 七珠项链

小明有 7 颗珠子,其中 5 颗是相同的红色珠子,2 颗是相同的绿色珠子,他想给女朋友小丽做成一个七珠项链。请问可以做出几种不同搭配的项链来?

237. 乘车

小明的妈妈每天都要坐公交车上班。从小明家到公司的公交车有两路,分别是 1 路和 2 路。这两路公交车的线路是一样的,而且都是每隔 10 分钟一趟。唯一不同的是 1 路车的首班车是 6 点 30 分,而 2 路车的首班车是 6 点 31 分。一个月下来,妈妈发现自己坐的 1 路车要比 2 路车多得多,你知道这是为什么吗?

238. 巧抓乒乓球

两个人比赛抓球。

规则如下:

(1) 在桌子上放 100 个乒乓球,两个人轮流拿球装入自己的口袋。

(2) 每次拿球至少要拿 1 个,但最多不能超过 5 个。也就是可以拿 1 个、2 个、3 个、4 个或者 5 个。

(3) 拿到最后一个球,即第 100 个乒乓球的人为胜利者。

请问如果你是先拿球的人,第一次时你该拿几个球? 以后怎么拿才能保证你能得到第 100 个乒乓球?

239．滚动的硬币

如图 7-1 所示,左上角带箭头的硬币可以沿 7 个固定的硬币滚动。当它回到出发点时,这个硬币滚了几圈?箭头将朝哪个方向?

240．不可能的赏赐

传说,印度的舍罕国王打算重赏国际象棋的发明人——大臣西萨·班·达依尔。这位聪明的大臣跪在国王面前说:"陛下,请你在这张 8×8 的棋盘的第 1 个小格内赏给我 1 粒麦子,在第 2 个小格内给 2 粒,在第 3 个小格内给 4 粒,照这样下去,每一小格内都比前一小格多 1 倍就可以了。"国王说:"你的要求不高,我会让你如愿以偿的。"说着,他下令把 1 袋麦子拿到宝座前,计算麦粒的工作开始了。但是,令人吃惊的事情出现了:还没到第 20 个小格,袋子已经空了,一袋又一袋的麦子被扛到国王面前来。麦粒数增长得十分迅速,而格数却增长得很慢。国王很快发现,即使拿出全国的粮食,也兑现不了他对象棋发明人许下的诺言。

算算看,国王应给象棋发明人多少粒麦子?

图 7-1

241．保险柜

办公室里有 9 个保险柜,处长那里有 9 把钥匙。小刘上班的第一天,处长给他布置了一个任务:把钥匙和保险柜配对。如果这些钥匙外表都是一样的,而且没有任何标记,那小刘想要打开每个保险柜只能一把一把地试。

请问小刘最多要试多少次才能把钥匙和保险柜配上对。

242．多学科竞赛

在一次多学科竞赛中，共测试 M 个科目，一所学校中有三名学生甲、乙、丙参加了这场竞赛。在每一科目中，第一、二、三名分别得 X、Y、Z 分，其中 X、Y、Z 为正整数，且 $X > Y > Z$。最后甲总分得了 22 分，乙与丙均得了 9 分。而且乙在数学科目中取得了第一名。

求 M 的值，并问谁在英语科目中取得了第二名？

243．销售收入

一位做了 4 年公务员工作的人，放弃公职，接受了一份销售员的工作。干了一段时间后，有个朋友问起他的基本情况。他说："我已经工作好几个月了。第一个月的时候，我拿到的薪水和我做公务员时的工资一样，5000 多元。后来，每个月我的工资都能涨 230 元。没有多长时间，我的工资就有 7000 多元了。而从做销售员到现在我已经赚了整整 63810 元了。"

请问这个人做公务员时工资是多少？

244．服装店老板的困惑

有一位服装店老板进了 2 件衣服，都以每件 90 元的价格卖掉了，其中的一件赚了 50%，另一件赔了 50%。那你能告诉这位老板，他是赚是赔还是持平了吗？

245．猜字母

按照图 7-2 中字母排列的逻辑，问号处该填哪一个字母？

图 7-2

246. 四瓶啤酒

有四瓶啤酒,你能设计出一种摆法,使每两只啤酒瓶的瓶盖之间的距离相等吗?

矩形的宽是小球周长的2倍,而矩形的长是宽的两倍

247. 矩形和球

两只小球从一矩形边上的同一点出发沿矩形滚动,一个在矩形内部,一个在外部——直到它们最终都回到起点。

如果矩形的宽是小球周长的 2 倍,而矩形的长是宽的 2 倍,那么,从起点出发再回到起点,两个小球自身各转了几圈?

248. 指针的角度

经过 7 小时 15 分钟,时钟的时针与分针各转了多少度?

249. 工厂车间

在一个工厂车间里有两条传输皮带,皮带的长度都是 100 米,两条皮带的终点在一起,甲、乙两种原料分别在两个皮带的起点被放到皮带上。运输甲的为 1 号皮带,运输乙的为 2 号皮带。由于两个皮带的转动速度不同,当甲到达终点的时候,乙还有 10 米才能到。为了让甲乙两种原料同时到达终点,车间主任把皮带做了改进:保持各自速度不变,把 1 号皮带延长 10 米。这样,两种原料是不是能同时到达终点?

250. 操纵汇率

汇率的形成机制非常复杂,涉及很多的因素。假设世界上只有两个国家,而这两个国家都想通过操纵汇率来获得别的国家的好处。比如,A 国想制定 1:5 的汇率,就是用 1 元 A 国币换 5 元 B 国币,以便让自己国家的企业用较少的钱买到很多的 B 国服务和产品;而 B 国也想制定 1:5 的汇率来得到 A 国的廉价资源。

请问:你觉得这样的汇率操纵能成功吗?

最少要买多少瓶饮料才能保证一人喝一瓶?

251. 饮料促销

27 名同学去郊游,在途中休息的时候,口渴难耐,去小店买饮料。饮料店搞促销,凭 3 个空瓶可以再换一瓶。他们最少买多少瓶饮料才能保证每人喝 1 瓶?

252. 父亲节的玫瑰花

于先生有 5 个女儿,有一年的父亲节,5 个女儿分别送于先生 1 束玫瑰花。

这 5 束玫瑰花各有特色:它们每束有 8 朵,而玫瑰的颜色分别为黄、粉、白、红四种。而且,

所有的玫瑰花加起来,4 种颜色的花的总数一样多。但是 5 束花看起来是有所区别的,每 1 束花中不同颜色花的数量并不都相同,而且每种颜色的花都至少会有 1 朵。

5 个女儿送的花的情况如下:

大女儿送的花束中,黄色的花比其余 3 种颜色的花加起来还要多;

二女儿送的花束中,粉色的花比其余任何一种颜色的花都少;

三女儿送的花束中,黄色花和白色花之和与粉色花和红色花之和相等;

四女儿送的花束中,白色花是红色花的两倍;

小女儿送的花束中,红色花和粉色花一样多。

请问每个女儿送的花束中,四种颜色的玫瑰花各有几朵?

253．分苹果

甲、乙、丙 3 家住在一层楼里,他们共同打扫走廊的卫生。他们约定,9 天每家打扫 3 天。但是,由于丙家里有事,没有时间打扫,楼梯就由甲、乙两家代替打扫。这样甲家打扫了 5 天,乙家打扫了 4 天。丙回来以后就买了 9 斤苹果表示感谢。

请问丙该怎样分配这 9 斤苹果才算合理呢?

254．人名的加法

唐纳德、杰拉德、罗伯特三人是好朋友,他们的英文名字分别为 DONALD、GERALD、ROBERT。

他们的一个共同的朋友很喜欢开玩笑。一天,这个朋友用三个人的名字设计了一个有趣的题目。

已知公式:

DONALD+GERALD=ROBERT

在上面的这个公式中共有 10 个不同的英文字母,它们与 0 ~ 9 这 10 个阿拉伯数字一一对应。

现在已知 *D*=5,请在 5 分钟之内计算出其余 9 个字母分别代表什么数字。

255．正面与反面

桌上有 23 枚硬币,其中 10 枚正面朝上。假设蒙住你的眼睛,而你的手又摸不出硬币的正反面。如何才能把这些硬币分成两堆,使每堆正面朝上的硬币的个数相同?

256．猎人的挂钟

一个住在深山中的猎人,他只有一只挂钟挂在屋子里。这天,因为忘了上发条钟停了,而附近又没有地方可以校对时间。

他决定下山到市集购买日用品,出门前他先上紧挂钟的发条,并记下了当时挂钟的时间:上午 6:35(时间已经不准了)。途中他经过电信局,电信局的时钟是很准的,猎人看了钟并记下了时间为上午 9:00。到市集采购完需要的商品,猎人又原路返回。经过电信局时,电信局的时钟显示是上午 10:00。回到家里,墙上的挂钟指着上午 10:35。请问现在的标准时间是多少?

257．接领导

一位领导到北京开会,会议的主办方派司机去火车站接他。本来司机算好了时间,可以与那列火车同时到达火车站。但是不巧的是,领导改变了行程时间,坐前一趟火车到了北京,而司机还是按照预计时间出发的。领导一个人在车站等着也无事可做,就打了一辆出租车往会场赶,并通知了司机。出租车开了半个小时,出租车和司机在路上相遇了。领导上了司机的车,一

刻也不耽误地赶到了会场，结果比预计时间早了 20 分钟。

请问领导坐的火车比预计的火车早到了多长时间？

258. 填空格

请仔细观察图 7-3，想想问号处该填什么图案。

图 7-3

259. 卖金鱼

马大叔在市场上开了个商店专门卖各种各样的金鱼。过了几天他发现，黄尾和红尾的金鱼最好卖，但是令他不解的是，有时候一天红尾金鱼最好卖，有时候黄尾金鱼最好卖，似乎客人总是扎堆买同一种金鱼。由于进价的原因，黄尾金鱼 10 元 5 条，红尾金鱼 10 元 2 条。他想着如果把两种金鱼搭配着卖就能卖得更多了，于是他进了同样数量的黄尾金鱼和红尾金鱼混在一起，卖 20 元 7 条金鱼。卖光后，他发现比单独卖少卖了 180 元钱。

请问这是怎么回事呢？他进货时黄尾金鱼、红尾金鱼各进了多少条？

260. 冰棍的价格

阿聪和女朋友小丽去逛公园，玩累了，小丽就想买根冰棍，看了价格后，阿聪说："我的钱正好只差 1 分。"女友说："我差 1 元。"卖冰棍的老板说："你们俩合买一根好了。"

小丽撇了撇嘴说："那也不够。"

请问一根冰棍是多少钱？

261．立方体网格

如图 7-4 所示，一个立方体有 6 个面，但下面的方格都能构成立方体吗？观察下面的方格，请说明哪些可以构成立方体。

图 7-4

262．分田地

解放战争时，有个村子在打土豪、分田地。最后就剩下两个农户了，他们两人要分 3 块地。3 块地正巧都是正方形的，边长分别为 30 米、40 米、50 米。

村民打算把这 3 块地平均分给两个农户，该怎么分？

263．好心人与乞丐

一个好心人在街上走，遇到一个乞丐，这个好心人就把口袋里所有钱的一半加上 1 元钱给了乞丐；然后继续向前走，走着走着，又遇到一个乞丐，他就把口袋里所有钱的一半加上 2 元钱给了他；然后他又遇到了第三个乞丐，同样，他把口袋里所有钱的一半加上 3 元钱给了他。这样一来，他的口袋里就只剩下

只有一个?!

1 元钱了。

请问开始时他的口袋里有多少钱?

264．新款服装

某服装店新进了一批最新款式的服装,很受欢迎,于是,经理决定提价 10% 销售。涨价之后顾客急剧减少,服装开始滞销,于是经理不得不又做出降价 10% 的决定。有人说服装店瞎折腾,涨了 10% 又降了 10%,价格又回到原价位;有人说服装店不会干赔钱的事,实际上价格高了;也有人说服装店自作聪明,实际上是赔了钱。

请问服装店现在的价格比原来的售价高了、低了还是没变?

265．鸡的重量

"这两只鸡一共重 20 斤,"小贩说,"小的比大的每斤贵 2 角钱。"一个顾客花了 8 元 2 角买了那只小的,而另一名顾客花了 29 元 6 角买了那只大的。

请问两只鸡各重多少斤?

266．水与水蒸气

已知水蒸发变成水蒸气,体积增加了 10 倍,那么如果这些水蒸气再变成水,体积会变为原来的几分之几?

267．连续自然数

有四个连续的自然数相乘等于 3024,你能推理出这四个自然数分别是什么吗?

268．花色组合

从一副牌中去掉所有的方块,只剩下 3 种花色。现在从中抽出 4 张牌,能得到多少种花色组合?

269．三重 JQK

下面有一个由 J、Q、K 组成的等式,J、Q、K 分别是 1 ～ 9 中不同的三个数字,那么它们分别相当于哪些数字呢?

$$JJJ+QQQ+KKK=JQQK$$

270．三张组合

有红桃、黑桃、梅花的 A ～ 5 共 15 张牌,从中抽出 3 张,这 3 张牌的大小组合共有多少种?

271．沙漏计时器

据说,鸡蛋煮得过生或者过熟都会影响鸡蛋中营养成分的吸收。假设煮鸡蛋最恰当的时间是 5 分钟,但你手上只有一个 4 分钟的沙漏计时器和一个 3 分钟的沙漏计时器。该怎样做才能用这两个计时器确定 5 分钟时间呢?

272．猜牌术

表演者将一副牌交给观众,然后背过脸去,请观众按他的口令去做。

(1) 在桌上摆 3 堆牌,每堆牌的张数要相等（假如是 15 张）,但是不要告诉表演者;

(2) 从第 2 堆牌中拿出 4 张牌放到第 1 堆中;

(3) 从第 3 堆牌中拿出 8 张牌放在第 1 堆中;

(4) 数一下第 2 堆中还有多少牌（本例中还有 11 张牌）,从第 1 堆牌中取出与第 2 堆相同数的牌放在第 3 堆中;

(5) 从第 2 堆中拿出 5 张牌放在第 1 堆中。

表演者转过脸来说:“把第 2 堆牌、第 3 堆牌拿开,那么第 1 堆中还有 21 张,对不对?”观众数了一下,果然还有 21 张。

这其中有什么诀窍呢?

273．尾巴搬上脑袋

如图 7-5 所示,6 张扑克有这样的特点:将它乘以 4 以后,得到的数正好是将末尾的扑克放到头上来。

你能找出有这种特点的其他的扑克组合吗?

图　7-5

274．抽牌概率

在一副已经洗乱的扑克牌（加 1 张王牌,共 53 张）中,随机不断抽出牌。问先抽到鬼牌后再把 4 张 A 牌抽出的概率是多少?

第八部分　精 密 计 算

275．特别的称重

宇华在实验室做实验，要用 3 克碳酸钠作为溶质，但是他的手边只有一袋标着 56 克且没有拆封的碳酸钠，还有一架只有一个 10 克砝码的天平。这时，实验室只有他一个人，也找不到其他的称量工具。

在现有的条件下，他该怎样称出 3 克碳酸钠呢？

276．散落的书页

小红的一本书散开了，发现其中一张上面：左边是第 8 页，右面是第 205 页。现在你能否说出这本书有多少页吗？

277．查账

洁洁小姐在一个商店里做收银员。有一天，她在晚上下班前查账的时候，发现现金比账面少了 153 元。她知道实际收的钱是不会错的，只能是记账时有一个数点错了小数点。

请问她怎么才能在几百笔账中找到这个错数呢？

278．保持平衡

仔细观察图 8-1 中的滑轮，每个相同形状的物体的重量都是相同的，前 3 个滑轮系统都是平衡状态。请问第 4 个滑轮系统要用多重的物体才能使其保持平衡？

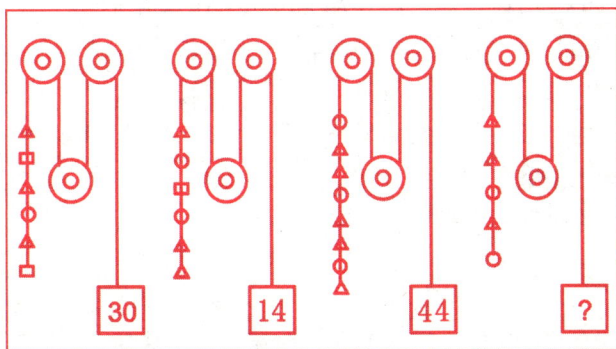

图　8-1

279．抢糖果

爸爸出差给孩子带回来一包糖果，一共有 100 颗，爸爸让两个孩子从这堆糖果中轮流拿糖，谁能拿到最后一颗糖果谁为胜利者，爸爸会奖励一个神秘的礼物。当然拿糖时限定的条件是：每个人每次拿的糖至少要有 1 个，但最多不能超过 5 个。请问如果你是弟弟，你先拿，你该拿几个？以后怎么拿就能保证你能得到最后一个糖果呢？

280．投资问题

甲、乙两人合伙做生意，甲投入的资本是乙的 1.5 倍。这时丙也要入伙，他拿出了 250 万元来投资，这时，甲、乙、丙想让他们 3 个人占有的股份都相等，所以决定将这 250 万元由甲、乙两人瓜分。

请问他们该如何分这笔钱呢？

281．公共汽车

一个人沿着街走，每 2 分钟迎面开来一辆公共汽车，每 8 分钟身后开来一辆公共汽车。请问该公共汽车几分钟发一趟车？

282．夫妻吃猪肉

夫妻两人都喜欢吃猪肉，但是丈夫在有瘦肉的时候只吃瘦肉，而他老婆在有肥肉的时候只吃肥肉。如果两个人一起吃，60 天可以吃光一桶肥肉；如果让丈夫自己吃，他能吃 30 个星期。如果两个人一起吃，8 个星期可以吃光一桶瘦肉；如果让老婆自己吃，她能吃 40 个星期。

试问：他们夫妻两人一起吃，把一桶一半是瘦肉、一半是肥肉的混合猪肉吃光，要花费多长时间？

283．冰雹数列

随便想一个数。如果它是奇数，则把它乘以 3 再加 1。如果它是偶数，则把它除以 2。对每一个新产生的数都运用这个规则。你知道会发生什么情况吗？

从 1 开始，你将得到：1、4、2、1、4、2、1、4、2、…

从 2 开始，你将得到：2、1、4、2、1、4、2、1、4、…

从 3 开始，你将得到：3、10、5、16、8、4、2、1、4、2、1、…

很快你就会发现上述数列最终都会以 1、4、2 循环下去。但是不是从任何一个数开始都会有这种性质呢？你可以用 7 试试。

284．午餐分钱

约克和汤姆结对旅游，他们一起吃午餐。约克带了 3 块饼，汤姆带了 5 块饼。这时，有一个路人路过，路人饿了，约克和汤姆邀请他一起吃饭。约克、汤姆和路人将 8 块饼全部吃

完。吃完饭后,路人感谢他们的午餐,给了他们 8 个金币。

约克和汤姆为这 8 个金币的分配展开了争执。汤姆说:"我带了 5 块饼,理应我得 5 个金币,你得 3 个金币。"约克不同意:"既然我们在一起吃这 8 块饼,理应平分这 8 个金币。"约克坚持认为每人各得 4 个金币。为此,约克找到公正的法官。

法官说:"孩子,汤姆给你 3 个金币,因为你们是朋友,你应该接受它;如果你要公正,那么我告诉你,公正的分法是:你应当得到 1 个金币,而你的朋友汤姆应当得到 7 个金币。"约克不理解。

大家知道这是为什么吗?

285. 运动员和乌龟赛跑

历史上曾经有一个非常著名的逻辑学悖论,叫阿基里斯追不上乌龟。

内容很有趣,说的是一名长跑运动员叫阿基里斯。一次,他和一只乌龟赛跑,假设运动员的速度是乌龟的 12 倍,这场比赛的结果是显而易见的,乌龟一定会输。

现在我们把乌龟的起跑线放在运动员前面 12 千米处。那么结果会是如何呢?

有人认为,这名运动员永远也追不上乌龟!

理由是:当运动员跑了 12 千米时,那只乌龟也跑了 1 千米,在运动员的前面。

当运动员又跑了 1 千米的时候,那只乌龟又跑了 1/12 千米,还是在运动员前面。

就这样一直跑下去,虽然每次距离都在拉近,但是运动员每次都必须先到达乌龟的起始地点,那么这时又相当于他们两个相距一段路程跑步了。这样下去,运动员是永远也追不上乌龟的。

你是怎么认为的呢?

这样一直跑下去,难道我真的永远追不上乌龟?!

286. 发家致富

有个懒汉,不想通过自己的努力改善生活,只想着与人赌博快速赚到钱。他在村口摆了个摊位,由于没有作弊的天赋,只好与人猜硬币的正反面。他最开始用一枚硬币猜正反面,发现由于一枚硬币正反面出现的概率是 50%,所以长时间下来他不输不赢。后来他想到一个法子:做三枚硬币,一个一面正面一面反面,一个两面都是正面,一个两面都是反面。把三个硬币放在袋子里,让别人随手来抽两个放在桌子上,不去看它,如果这两个硬币朝上的一面相同,这个人可以得到 3 元奖励,但是如果不同,这个人就支付 2 元钱。

请问通过这种方法,这个人能致富吗?

287．小明的烦恼

小明发现自己身边的朋友家里都有 2 个孩子,他便思考:如果家里有 2 个小孩,那么就有可能是三种情况,即 2 个都是男孩、2 个都是女孩、1 个男孩 1 个女孩。所以,如果生 2 个孩子,都是男孩的概率是 1/3。

但是,他自己又隐隐约约地感到不安,觉得自己似乎错了,你能指出他哪里错了吗?

288．奇数还是偶数

监狱里有 2 名囚犯,每天的晚餐都有 1 个鸡腿,2 个人没法分。于是其中一名囚犯就拿出 2 个骰子,对另一个囚犯说:"我这有 2 个骰子,我们用它们来决定谁吃这个鸡腿。如果点数的和是奇数,鸡腿就归你吃;点数的和是偶数,鸡腿就归我吃。"另一名囚犯一听,觉得很不公平,因为 2 枚骰子得到偶数的情况可能是 2、4、6、8、10、12 六种;而得到奇数的情况只有 3、5、7、9、11 五种。你觉得这样做公平吗? 点数的和为偶数的概率是多少?

289．写数字

如果用毛笔写数字,每写一个数字 (0、1、2、3、4、5、6、7、8、9 共 10 个) 需蘸一次墨水,那么要把 97 ~ 105 的所有数字连续写出,共需蘸多少次墨水?

290．买桃子

有个农民想让自己的儿子小明去镇上买桃,左邻右舍知道了,也想托小明捎点回来。3 个人每人给了小明 20 元,小明便用这 60 元买回来一大袋桃子,分给 3 家。平分后,小明说,商贩看他买的多,就要了 50 元,还剩 10 元拿回来了。3 人每人要了 2 元,给小明留下 4 元作为酬劳。小明高高兴兴地走开了,回头算账时,他却陷入了疑惑:3 人每人退回 2 元,相当于每人花了 18 元,共 54 元,自己还留了 4 元,这样一共是 58 元。可是当初自己明明拿了 60 元,那么还有 2 元哪里去了呢?

291．小到看不出来

在月亮的某一处穿过月心的地方是一个圆形。科学家想通过这个圆给月亮套一个铁环用来发电,供给地球电力。圆环在地球上做好,并且要求不能在月亮上留一点空隙。结果在制作的时候,铁环被多做了 2 米,这样套在月亮上的时候肯定会有痕迹的。但是工程负责人却说:"两米相对于月球的周长来说太少了,放在月亮上即使有空隙也是完全看不到的。"真的是这样吗?

292．射击比赛

奥运会射击比赛中,甲、乙、丙 3 名运动员各打了 4 发子弹,全部中靶,其命中情况如下:
(1) 每人的 4 发子弹所命中的环数各不相同;

（2）每人的 4 发子弹所命中的总环数均为 17 环；

（3）乙有 2 发命中的环数与甲其中 2 发一样,乙另外 2 发命中的环数与丙其中 2 发一样；

（4）甲与丙只有 1 发环数相同；

（5）每人每发子弹的最好成绩不超过 7 环。

请问甲与丙命中的相同环数是几环?

293．抽顺子

把一副共 52 张的扑克牌任意分成 13 堆,每堆 4 张牌。现在有人说,一定存在一种方式从每堆牌中抽出一张来一共 13 张,使得这 13 张恰好凑成一条不一定同花的顺子。

你觉得可能吗?

294．胚胎

大多数生命最开始就是一个受精卵——单细胞,通过不停地进行细胞分裂形成胚胎,我们身体内的器官也是一样。假如有一种动物的肝脏是从单个细胞分裂出来的,开始时是一个细胞,一个小时后分裂成 2 个,再过一个小时变成 4 个……到 100 个小时后,形成完整的肝脏。

请问其他条件都一样的另一种动物,从两个细胞分裂出肝脏需要多长时间?

295．轮胎

滕先生买了辆车,除了随车的备胎外,4S 店还多赠送了一个轮胎,就是说他一共有 6 个轮胎。为了让这 6 个轮胎的磨损程度相同,他轮流使用这 6 个轮胎。

那么你知道在车行驶了 12000 千米的时候,每个轮胎行驶了多少千米吗?

296．数学家打牌

一天,几位数学家坐在一起打牌。打了一会儿后旁边有人问他们都还剩几张牌,其中一位数学家保罗答道:"我的牌最多,约翰的其次,琼斯的再次,艾伦的牌最少。我们四人剩下的牌总共不超过 17 张。如果把我们这四家牌的数目相乘,得到这个数。"说完,这位数学家在一张纸上写了个数字给他看。

那人看了这个数字后,说道:"让我来试试把每人牌的数目算出来。不过要解这个问题,已知数据还不够。请问艾伦,你的牌是 1 张呢,还是不止 1 张?"

艾伦回答了这个问题。那人听后,很快就准确地计算出了每人牌的数目。你能算出每位数学家手里有几张牌吗?

297．扑克游戏推理

甲、乙两人打扑克,最后两人手中各剩 8 张牌。甲吹牛说,他手里有一副"顺子":5 张连续的牌,没有一张断开。乙心里却很明白他在吹牛。乙必然是根据自己手里的牌推测出甲在撒谎。请问乙手里是什么样的牌呢？

298. 花色问题

甲和乙正在玩扑克牌，甲手中有 13 张牌，其中：

(1) 每种花色的牌至少有 1 张；

(2) 各种花色的牌的张数不同；

(3) 红桃和方块总共有 5 张；

(4) 红桃和黑桃总共有 6 张。

请问甲手里哪种花色的牌有 2 张？

299. 马和猎狗

一只猎狗追赶一匹马，狗跳 6 次的时间，马只能跳 5 次，狗跳 4 次的距离和马跳 7 次的距离相同。马在前面，跑了 5.5 千米以后，狗开始在后面追赶。

请问马跑多长的距离才会被狗追上？

300. 扑克牌的顺序

大家都知道一副扑克牌一共有 54 张，其中有 2 张王牌，其余的 52 张牌则分为红桃、方块、梅花、黑桃 4 种花色，每种花色各 13 张。

我们取这样一副扑克牌，去掉其中的 2 张王牌，然后给剩下的 52 张牌编号，号码从 1 编到 52。

这样在初始状态下，这 52 张牌是 1 号在最下面，2 号在倒数第 2 张的位置，3 号在倒数第 3 张的位置……52 号则在最上面。

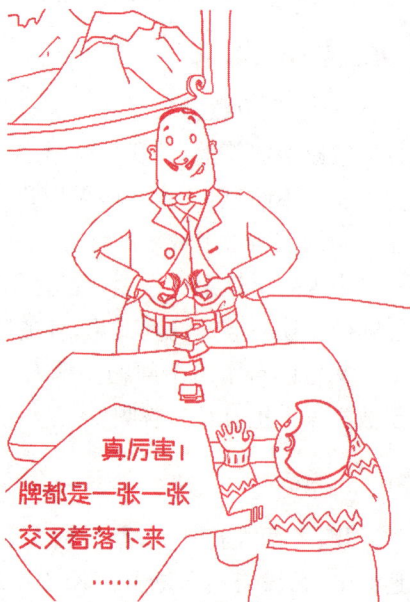

真厉害！牌都是一张一张交叉着落下来……

现在我开始洗牌。假如我洗牌的技术一流，每次都会把这副牌平均分成26/26两手，而且每次洗下来的牌都是左右各一张相间而下。（每次洗牌都先让编号为1的牌最先落下）

这样第一次洗完牌之后，这副牌的状态变成为1，27，2，28，3，29，…，26，52。

请问按照上面的洗牌规则，我一共需要洗几次牌才能使这副牌又重新回到初始状态（即1，2，3，4，…，51，52从下到上排列）？

301. 最短路线

有一个正方体的屋子，在一个角处有一只蜘蛛，它想爬到对角处那个角上去，你能帮它设计出一条最短的路线吗？

302. 辛苦的服务员

一个服务员正在给餐厅里的51位客人上菜，有胡萝卜、豌豆和花菜。要胡萝卜和豌豆的人比只要豌豆的人多两位，只要豌豆的人是只要花菜的人的2倍。有25位客人不要花菜，18位客人不要胡萝卜，13位客人不要豌豆，6位客人要花菜和豌豆而不要胡萝卜。

请问：

（1）多少客人三种菜都要？

（2）多少客人只要花菜？

（3）多少客人只要其中两种菜？

（4）多少客人只要胡萝卜？

（5）多少客人只要豌豆？

303. 逃脱的案犯

黑猫警长有一个强劲的对手"飞毛腿"，这只老鼠奔跑的速度比黑猫警长还要快，几次都被它逃脱了。一次偶然的机会，警长发现"飞毛腿"在湖里划船游玩，这可是一个机会。这个圆形小湖半径为 R，"飞毛腿"划船的速度只有黑猫警长在岸上速度的1/4。警长沿着岸边奔跑，想抓住要划船上岸的"飞毛腿"。

请问这次"飞毛腿"还能不能侥幸逃脱呢？

304. 破产分钱

一个投资公司破产了，在清理完账目后，30个股东分剩下的钱，第一个股东分总数的一半加5角，第2个股东分剩下的一半加5角，第3个股东分剩下的一半加5角，以此类推，直到最后一个股东分完，一分钱没剩，也没有人得到毛票，都分到了整数的钱。

请问公司最后剩多少钱？每个人分了多少钱？

305. 计算损失

一个卖衣服的商人，某件衣服的进价是60元，他标的售价为80元。购买者讲价后，他同意以 9 折的价格卖出,后来发现购买者支付的那张 100 元是假钞,商人十分气愤。

现在请你帮那个倒霉的商人算算,他在这件衣服上共损失多少钱。

306．农夫买鸡

从前有个农夫想要办一个养鸡场,需要买 100 只鸡。已知公鸡每只 5 元,母鸡每只 3 元,小鸡三只 1 元。现在农夫手中只有 100 元资金,问可以买公鸡、母鸡、小鸡各多少只?(钱要正好花完)

307．在风中飞行的飞机

一架飞机从 A 地沿直线飞往 B 地,然后从 B 地沿原航线返回 A 地。飞行途中没有风,且飞机的发动机速度保持不变。现在的问题是,如果其他的条件保持不变,只是在全航程中从 A 地刮向 B 地有一定量的不变风速,那么,这架飞机往返航程所需的时间和原来无风时相比,是会更多、更少还是保持不变?

308．大牧场主的遗嘱

有一个大牧场主要把自己的产业分给他的儿子们,于是召集他们宣读遗嘱。

他对大儿子说:"儿子,你认为你能够养多少头牛,你就拿走多少;你的妻子可以取走剩下的牛的 1/9。"

他又对二儿子说:"你可以拿走比大哥多一头牛,因为他有了先挑的机会;至于你的妻子,可以获得剩下的牛的 1/9。"

然后对其余的儿子说了类似的话,每人拿到比他大一点的哥哥的牛数多一头,而他们的妻子则获得剩下的牛的 1/9。

当最小的儿子拿完牛之后,牛一头也没有了。

于是大牧场主又说:"马的价值是牛的两倍,剩下的 7 匹马的分配要使每个家庭得到同

样价值的牲口。"

请问大牧场主共有多少头牛？他有几个儿子？

309．放球问题

把 9 个相同的小球放入编号分别为 1、2、3 的 3 个箱子中，要求每个箱子放球的个数不小于其编号数，则不同的放球方法有多少种？

310．正确时间

在早晨列队检查时，警长问身边的秘书现在几点了。精通数学的秘书回答道："从午夜到现在这段时间的 1/4，加上从现在到午夜这段时间的一半，就是现在的确切时间。"

你能算出这段对话发生的时间吗？

> 从午夜到现在这段时间的 1/4，加上从现在到午夜这段时间的一半，就是现在的确切时间。

311．两支蜡烛

房间里的电灯因停电而突然熄灭了。我的作业还没有写完，于是我点燃了书桌里备用的两支新蜡烛，在蜡烛光下继续写作业，直到电又来了。

第二天，我想知道昨晚停电时间有多长。但是当时我没有注意停电和来电时的具体时间，而且我也不知道蜡烛的原始长度，我只记得那两支蜡烛是一样长的，但粗细不同，其中粗的一支燃尽需要 5 个小时，细的一支燃尽需要 4 个小时。两支蜡烛是一起点燃的，剩下的残烛都很小了，其中一支残烛的长度等于另一支残烛的 4 倍。

请你根据上述资料，算出昨天停电的时间有多长。

312．少卖了 2 元钱

李大妈在早市卖花，她每天卖黄玫瑰、红玫瑰、蓝玫瑰各 24 朵，其中黄玫瑰 1 元 2 朵，红玫瑰 1 元 3 朵，蓝玫瑰 1 元 4 朵。有一天，一位路人告诉她如果把三种玫瑰混在一起卖，卖 3 元 9 朵，这样让客人自己搭配能卖得快一些。第二天，李大妈就尝试着这样做，最后玫瑰花卖完了，却只卖了 24 元，比平时少卖了 2 元。请问这 2 元钱去哪里了？

313．海盗分椰子

一艘海盗船被天上掉下来的一块石头给击中了，5 个倒霉的家伙只好逃难到一个孤岛，发现岛上空荡荡的，只有一棵椰子树和一只猴子。

大家把椰子全部采摘下来放在一起，但是天已经很晚了，所以大家就决定先去睡觉。

晚上某个海盗起床悄悄地将椰子分成 5 份，结果发现多了一个椰子，就顺手给了那只猴子，然后悄悄地藏

了一份,把剩下的椰子混在一起放回原处后,悄悄地回去睡觉了。

过了一会儿,另一个海盗也起床悄悄地将剩下的椰子分成 5 份,结果发现多一个椰子。他顺手就又给了幸运的猴子,然后悄悄地藏了一份,把剩下的椰子混在一起放回原处后,悄悄地回去睡觉了。

又过了一会儿……

总之 5 个人都起过床,都做了一样的事情。

早上大家都起床后,各自心怀鬼胎地分椰子了,这个猴子还真不是一般的幸运,因为这次把椰子分成 5 份后居然还是多出一个椰子,只好又给它了。

请问这堆椰子最少有多少个?

314．入学考试

某所著名高校的入学考试规则如下:考生在 3 天内做无限道选择题,答对 1 题得 6 分,答错 1 题扣 3 分。小明参加了考试,别人问他成绩时,他说:"我的成绩是下面几个中的一个:30 分、12190 分、5246 分、121 分、9998 分。"

你能猜出他到底得了多少分吗?

315．种树

婧婧家后面有一座小山,她非常关注环境,从很小的时候就开始在山上种树。在 7 岁的时候,她在山上种了 10 棵树,从那以后,她每隔一年半都要种 10 棵树。

若干年过去了,她一共种了 150 棵树就不再种了。一天,婧婧对孩子说:"在这批树中,最早种的那 10 棵树的年龄是最后一批树的 8 倍。"

你能算出婧婧现在多少岁了吗?

316．汽车相遇

美国某小镇车队有 17 辆小公共汽车,整天在相距 197 公里的青山与绿水两个小镇之间往返运客。每辆车到达小镇后司机都要休息 8 分钟。司机杰克上午 10 点 20 分开车从青山镇出发,在途中不时地遇到(有时是迎面驶来,有时是互相超越)一辆本车队的车。下午 1 点 55 分他到达绿水镇,休息时发现本车队其他的司机一个都不在。没有同伴可以聊天,杰克就静静地回忆刚才在路上遇到的本车队的那些人。

请问杰克一共遇到了本车队的几辆车?

317．有问题的钟

从前有一位老钟表匠为火车站修理一只大钟。由于年老眼花,他不小心把长短针装反了。修完的时候是早上 6 点,他把长针指向 6,短针指向 12,钟表匠就回家去了。人们看这钟一会儿 7 点,过了不一会儿就 8 点了,都很奇怪,立刻去找老钟表匠。等老钟表匠赶到,已经是下午 7 点左右。他掏出自己的怀表与钟对比,钟准确无误,怀疑大家是有意捉弄他,一生气就回

去了。这钟还是 8 点、9 点地跑，人们又去找老钟表匠。这时老钟表匠已经休息了，于是第二天早晨 8 点多赶过去，与怀表对比时间仍旧准确无误。

请你想一想，老钟表匠第一次对表的时候是 7 点几分？第二次对表又是 8 点几分？

318．奖金

有一个公司，月底的时候给销售人员发放奖金。公司规定：销售业绩第一名的员工可以得到公司本月提供奖金总额的一半加 100 元；第二名得到剩下奖金总额的一半加 200 元；第三名得到剩下奖金总额的一半加 300 元；第四名得到再剩下奖金总额的一半加 400 元；第五名得到最后仅剩的 100 元。

请问公司提供的奖金总额是多少？

319．国王的数学题

有位老国王决定在几位年轻的王子中挑选出一位最聪明的人来继承王位。一天，他把王子们都召集起来，出了一道数学题考他们。题目是：我有金、银两个宝箱，箱内分别装了若干件珠宝。如果把金宝箱中 25% 的珠宝送给第 1 位算对这个题目的人，把银宝箱中 20% 的珠宝送给第 2 位算对这个题目的人。然后我再从金宝箱中拿出 5 件送给第 3 位算对这个题目的人，再从银宝箱中拿出 4 件送给第 4 位算对这个题目的人，最后金宝箱中剩下的比分掉的多 10 件珠宝，银宝箱中剩下的与分掉的珠宝的比是 2:1。

请问谁能算出我的金宝箱、银宝箱中原来各有多少件珠宝？

320．猎人打狼

有 5 个猎人一起去打狼。在晚上整理猎物的时候，发现：A 与 B 共打了 14 头狼，B 与 C 共打了 20 头狼，C 与 D 共打了 18 头狼，D 与 E 共打了 12 头狼。而且，A 和 E 打的狼的数量一样多。稍后，C 先把他的狼和 B、D 的狼放在一起平分为三份，各取其一。然后，其他的人也这么做。D 同 C、E 联合，E 同 D、A 联合，A 同 E、B 联合，B 同 A、C 联合。这样分下来，每个人获得的狼的数量一样多，并且在分的过程中，没有出现把狼分割成块的现象。

请问你能算出每个人各打了多少头狼吗？

321．图书排版

以前图书排版的时候是用铅字的，1 个字或者 1 个数字都需要用 1 个铅字，比如数字 18 需要用到"1"和"8"两个铅字，256 需要"2""5""6"3 个铅字。在排版一本书的时候，光页码就用了 660 个铅字。你知道这本书一共有多少页吗？

322．分配珠宝

12 名海盗抢到了 100 个珠宝，于是他们商量分配方法，要求：每个人分到的珠宝数目中必须有一个"4"。请问该怎么分呢？

323．各买了多少苹果

两名商贩共进了1000千克苹果进行批发，一个进得多，另一个进得少，但是卖了同样的钱。一名商贩对另一名说："如果我有你那么多的苹果，我能卖到4900元。"另一名商贩说："如果我有你那么多苹果，只能卖到900元。"

你知道两人各卖了多少苹果吗？

324．撒谎的贼首

一个财主的金库被一伙盗贼洗劫，丢失了200枚金币，财主告到县令那里。不久，一个贼首来到官府自首说，盗窃行为是自己的21名手下做的，与自己无关，但是作为首领也有责任。他公布了21名参与盗窃的手下的名字，并指出，这21名盗贼每人分得一定数量的金币，最少1枚，最多11枚，而且每个人分得的金币数都是奇数。听到这里，县令就抓住了贼首，说："你在撒谎，盗窃一定与你有关！"

请问县令是怎么知道贼首撒谎的呢？

325．买衣服

6名同学一起去商店买衣服，其中有2名男同学，4名女同学，他们各自购买了若干件衣服。购买情况如下：

（1）每件衣服的价格都以"分"为最小单位；

（2）甲购买了1件，乙购买了2件，丙购买了3件，丁购买了4件，戊购买了5件，而己购买了6件；

（3）两名男生购买的衣服，每件的单价都相同；

（4）其他4名女同学购买的衣服，每件的单价都是男生所购衣服单价的两倍；

（5）这6人总共花了1000元。

请问这6人中哪两个人是男生？

326．堆高台

堆1层的高台需要1块大石头，堆2层的高台需要5块大石头，堆3层的高台需要14块大石头，堆4层的高台需要30块大石头。请问堆一个9层的高台需要多少石头？

327．导师的诡计

一位博士生导师带了8名博士，他每天中午都和这8名学生一起吃中午饭。有一天一名学生说："老师，您什么时候可以让我们不写论文就得到博士学位？"导师说："这很简单，要不这样吧，我们定个日子：只要你们每人每天都换一下位子，直到你们8个人的排列次序重复的时候为止。那一天之后，只要你们8个人中谁还是我的学生，那他即使不写论文我也

会给他博士学位。"

请你算算,要过多久,这 8 名学生才能不写论文而得到博士学位呢?

328．两个赌徒

两个赌徒赌了一辈子,到老年时赌得倾家荡产了,每人只剩下 1 颗骰子。他们仍不知悔改,打算掷骰子度过余生。他们每人的骰子都被磨损得几乎看不清数了,都只有三面上的点数还看得出来。第一个赌徒的骰子只有 2、4、5 三面可以辨认,第二个赌徒的骰子只有 1、3、6 三面可以辨认。如果他们用这两只骰子比谁掷得的点数大,那么,要是游戏一直进行下去,最后谁会赢呢?

329．奇怪的加法

老师讲了什么叫加法,并教大家如何用手指头来算加法。为了提高同学们的计算能力,他向同学们解释说,在家里很多东西都可以用来计算加减法,比如尺子一格代表 1 厘米,5 格加上 2 格,长度就是 7 厘米。老师让大家回家找到合适的东西,做加法计算,并把结果写出来。第二天,检查作业的时候,老师发现小红的作业本上有很多奇怪的加法:

$$3+5=1 \qquad 2+7=2 \qquad 4+11=1$$
$$1+2=3 \qquad 6+3=2 \qquad 5+4=2$$

老师很生气地说:"你是怎么学加法的? 6 道题只做对了 1 道!"

但是小红却坚持自己是正确的,并做出了解释,听完解释后,老师不得不承认这些答案是正确的。你知道是为什么吗?

330．下一个图形

图 9-1 所示，按照所给出的三个图形的规律，找出下一个图形是哪个。

331．奇妙的变换

图 9-2 所示，从选项中找出一个图形填在题目中的问号处，使所给的 9 个图形符合某一特定的规律。

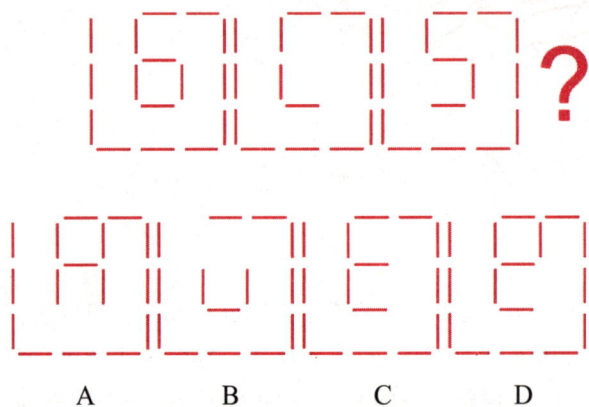

图 9-1

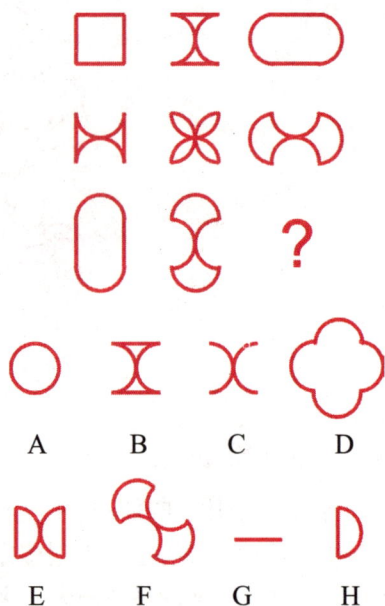

图 9-2

332．小圆点

图 9-3 所示，根据所给图形的规律，问号处应该填什么图形？

333．黑点

图 9-4 所示，从选项中找出一个图形填在题目中的问号处，使所给的 9 个图形符合某一特定的规律。

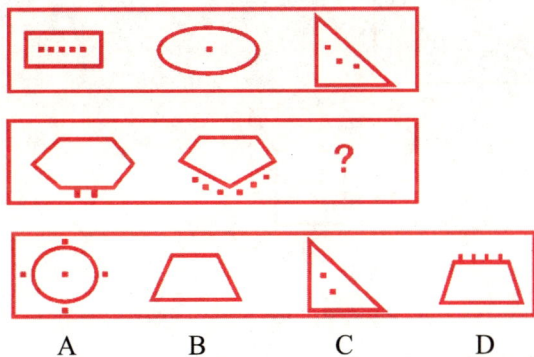

图 9-3

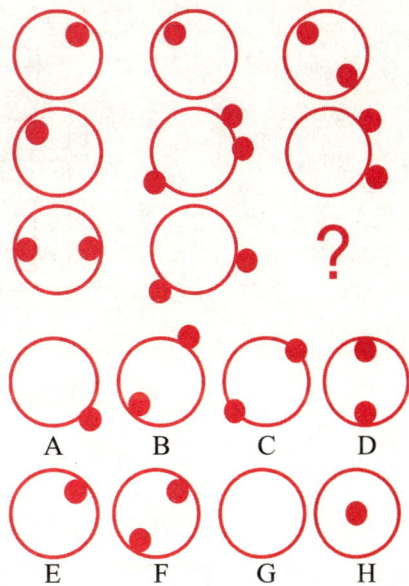

图 9-4

334. 神奇的规律

图 9-5 所示,根据所给图形的规律,问号处应该填什么图形?

335. 线条的规律

图 9-6 所示,根据所给图形的规律,问号处应该填什么图形?

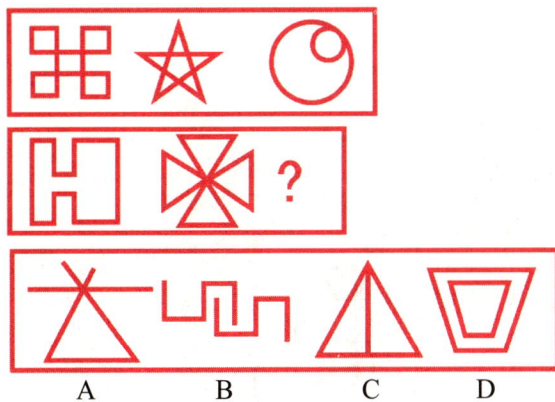

图 9-5

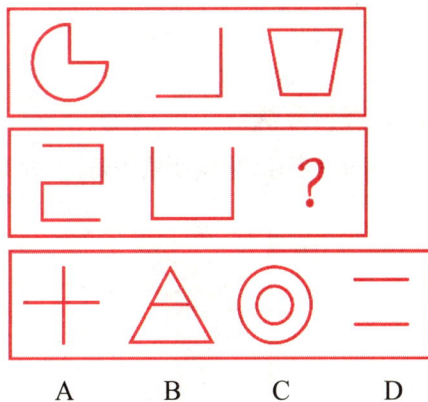

图 9-6

336. 立体图

图 9-7 所示,根据所给图形的规律,问号处应该填什么图形?

337. 螺旋曲线

图 9-8 所示,下列选项中,第一行图形中的哪一个与第二行中所给图形的规律相同?

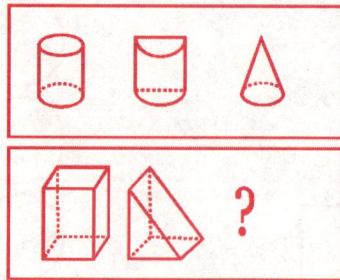

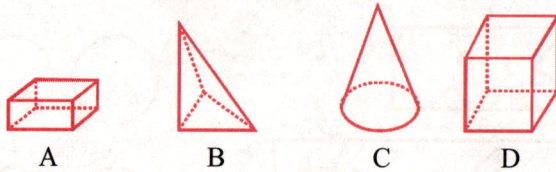

图 9-7

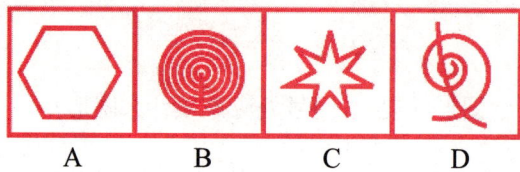

图 9-8

338．圆与方块

图 9-9 所示，根据所给图形的规律，问号处是哪个图形？

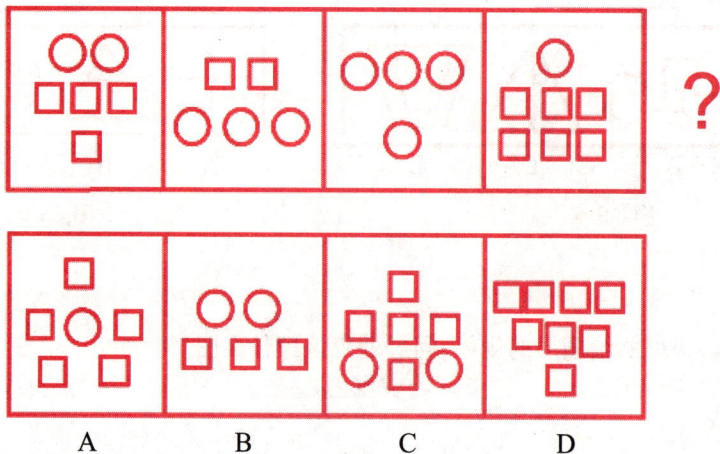

图 9-9

339. 直线与黑点

图 9-10 所示，根据所给图形的规律，问号处图形应该是哪一个？

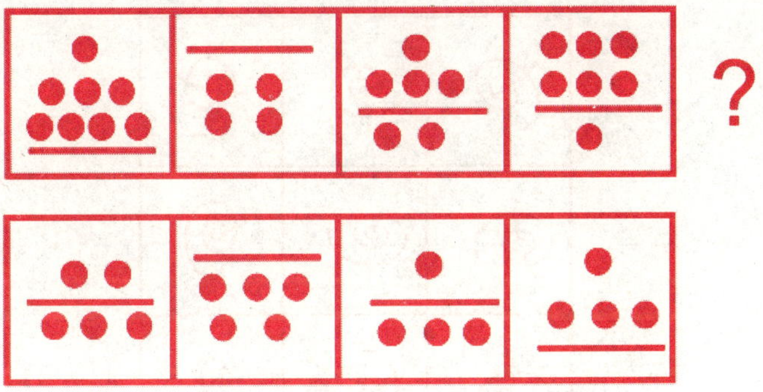

图　9-10

340. 折线

图 9-11 所示，根据所给图形的规律，问号处应该填什么图形？

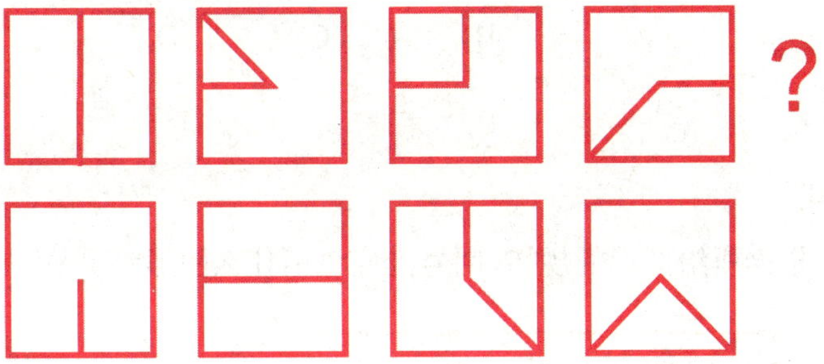

图　9-11

341. 转弯的箭头

图 9-12 所示，根据所给图形的规律，问号处图形应该是哪一个？

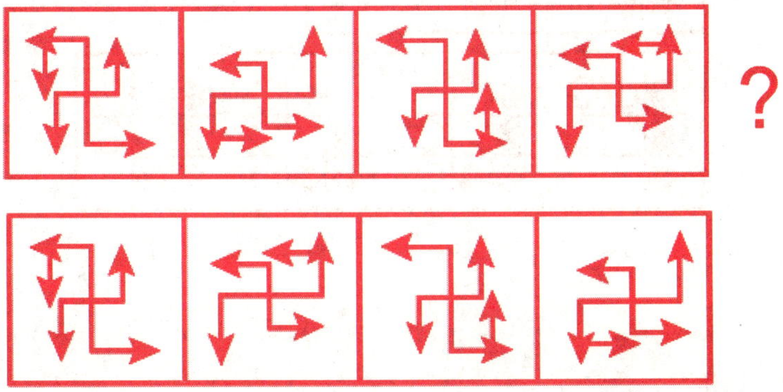

图　9-12

342. 螺旋线

图 9-13 所示,根据所给图形的规律,问号处应该填什么图形?

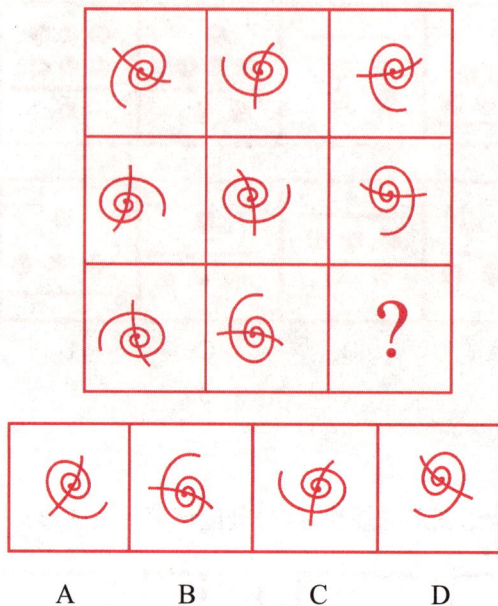

A   B   C   D

图 9-13

343. 黑白点游戏

图 9-14 所示,根据所给图形的规律,问号处应该填什么图形?

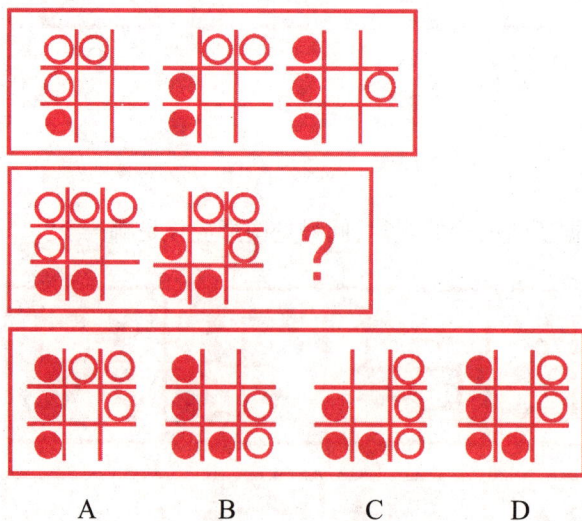

A   B   C   D

图 9-14

344. 带斜线的三角

图 9-15 所示,根据所给图形的规律,问号处应该填什么图形?

345．黑白变换

图 9-16 所示，根据所给图形的规律，问号处应该填什么图形？

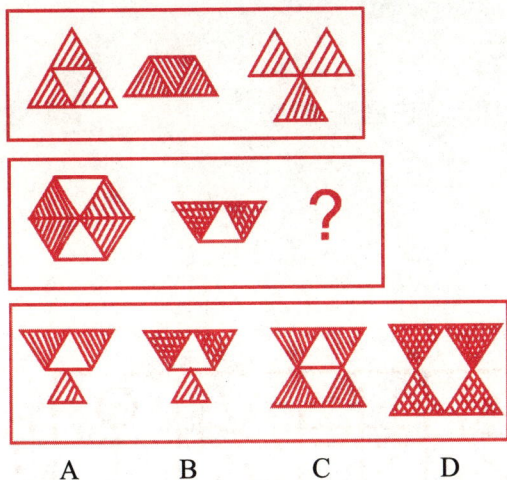

图 9-15

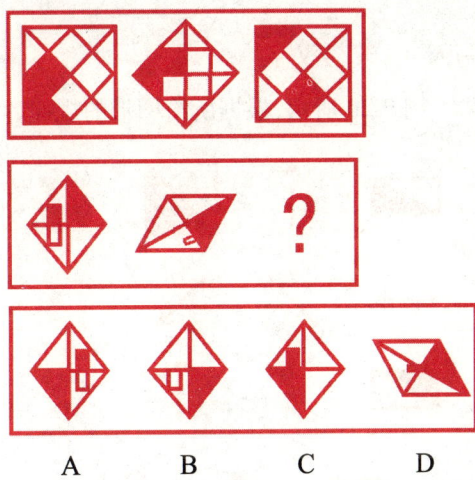

图 9-16

346．九点连线

图 9-17 所示，从选项中找出一个图形填在题目中的问号处，使所给的 9 个图形符合某一特定的规律。

347．四条线段

图 9-18 所示，从选项中找出一个图形填在题目中的问号处，使所给的 9 个图形符合某一特定的规律。

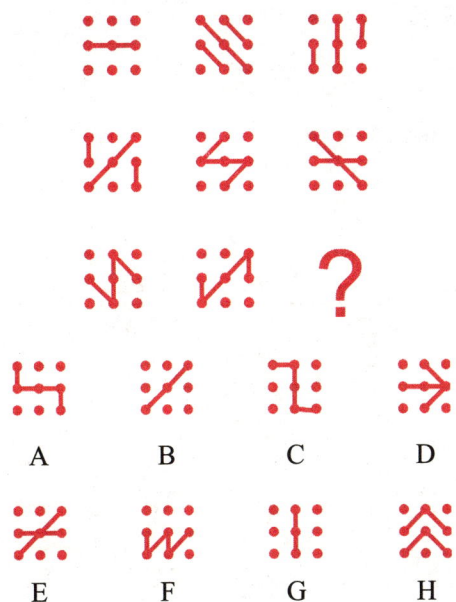

图 9-17

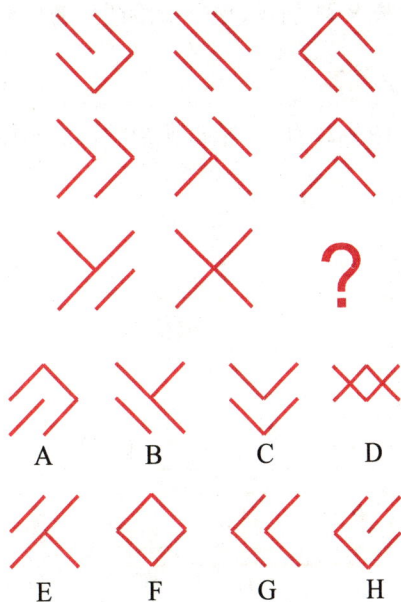

图 9-18

348. 双色方块

图 9-19 所示，从选项中找出一个图形填在题目中的问号处，使所给的 9 个图形符合某一特定的规律。

349. 线条与汉字

图 9-20 所示，根据所给图形的规律，问号处图形应该是哪一个？

图 9-19

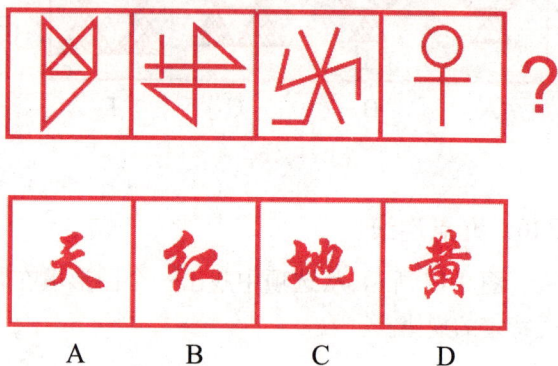

图 9-20

350. 文字规律

图 9-21 所示，根据所给图形的规律，问号处应该填什么图形？

351. 切割

图 9-22 所示，根据所给图形的规律，问号处应该填什么图形？

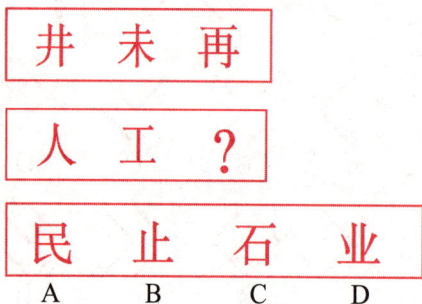

图 9-21

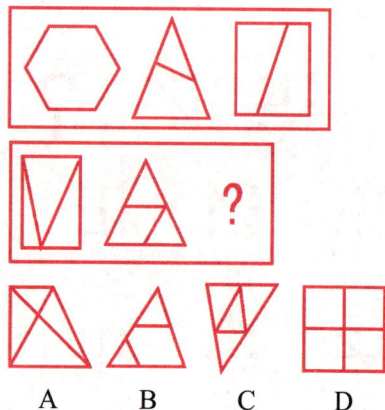

图 9-22

352．奇怪图形

图 9-23 所示，根据所给图形的规律，问号处应该填什么图形？

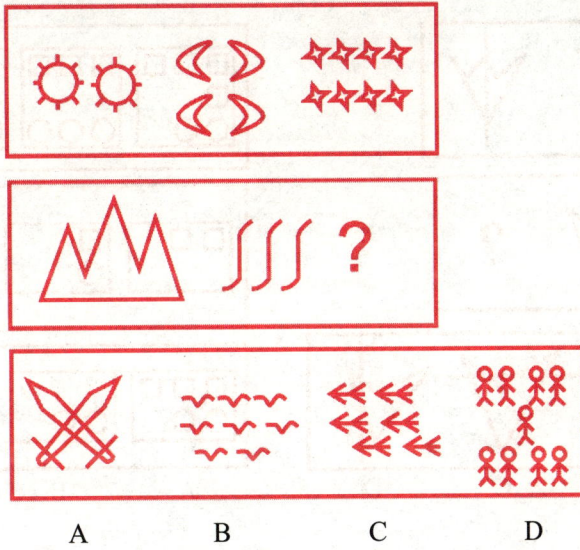

图 9-23

353．超复杂图形

图 9-24 所示，根据所给图形的规律，问号处应该填什么图形？

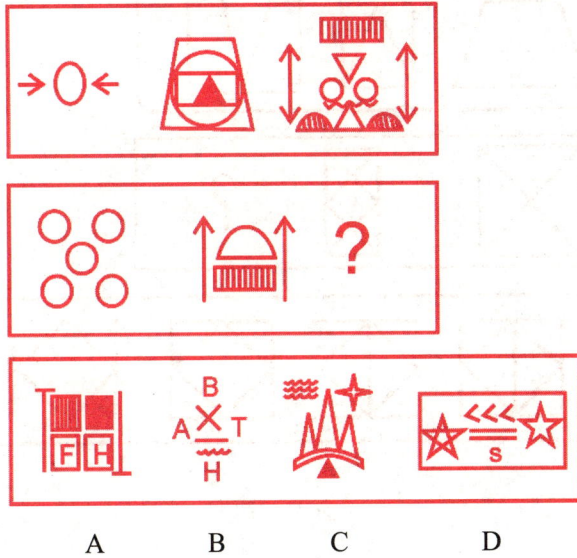

图 9-24

354．分割火炬

图 9-25 所示，根据所给图形的规律，问号处应该填什么图形？

355. 圆圈与方块

图 9-26 所示,根据所给图形的规律,问号处应该填什么图形?

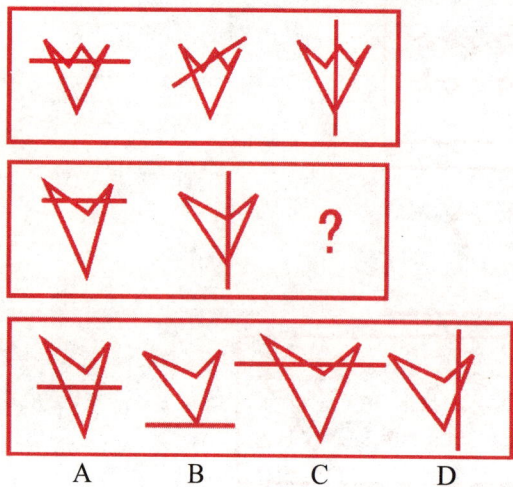

图 9-25

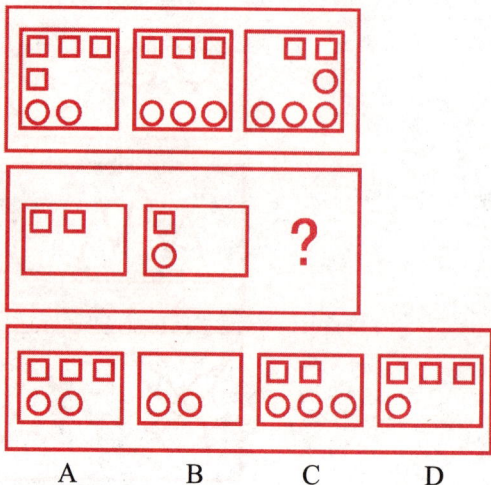

图 9-26

356. 变换的梯形

图 9-27 所示,根据所给图形的规律,问号处应该填什么图形?

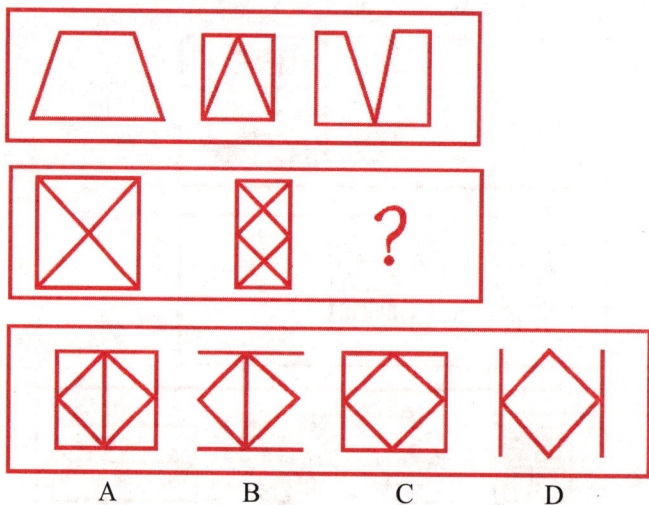

图 9-27

357. 黑点与白点

图 9-28 所示,从选项中找出一个图形填在题目中的问号处,使所给的 9 个图形符合某一特定的规律。

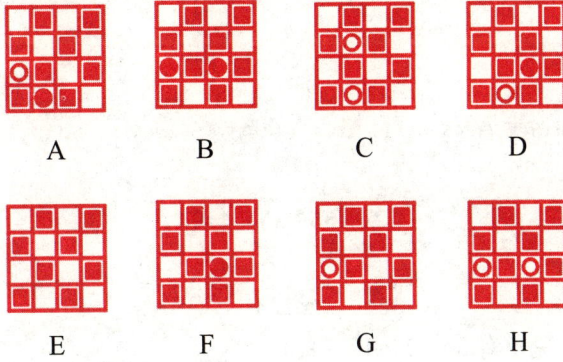

图 9-28

答 案

第一部分　经典古题

1．鸡兔同笼

本题可以列方程。

假设鸡有 x 只，则兔子有 $35-x$ 只。

根据题意，可得

$$2x+(35-x)\times 4=94$$

解得

$$x=23$$

所以，鸡有 23 只，兔子有 $35-23=12$（只）。

另外还有其他一些简便算法。

有人是这样计算的：假设这些动物全都受过训练，一声哨响，每只动物都抬起一条腿；再一声哨响，又分别抬起一条腿，这时鸡全部坐在了地上，而兔子还用两条后腿站立着，此时，脚的数量为 $94-35\times 2=24$，所以兔子有 $24/2=12$（只），则鸡有 $35-12=23$（只）。

或者说：假设把 35 只全看作鸡，每只鸡有 2 只脚，一共应该有 70 只脚，比已知的总脚数 94 只少了 24 只，少的原因是把每只兔的脚少算了 2 只。看看 24 只里面少算了多少个 2 只，便可求出兔的只数，进而求出鸡的只数。

除此之外，我国古代有人也想出了一些特殊的解答方法。

假设一声令下，笼子里的鸡都表演"金鸡独立"，兔子都表演"双腿拱月"。那么鸡和兔着地的脚数就是总脚数的一半，而头数仍是 35。这时鸡着地的脚数与头数相等，每只兔着地的脚数比头数多 1，那么鸡兔着地的脚数与总头数的差就等于兔的头数。

具体解法：兔的只数是 $94\div 2-35=12$（只），鸡的只数是 $35-12=23$（只）。

2．韩信点兵

他至少带了 2519 个兵。

首先，我们发现了一个特点：无论选择 2 ～ 10 这几个数中的哪一个，都是只差 1 个人就可以站满整排。

换句话说，只要多增加 1 个人，就可以做到无论是 2 人一排、3 人一排、4 人一排、5 人一排、6 人一排、7 人一排、8 人一排、9 人一排、10 人一排，都可以站满整排了。

所以我们以能站齐整排为出发点。

要想每排人站齐，人数必须是每排人数的倍数，也就是只有 10、9、8、7、…、2 的公倍数，

才能做到无论怎样排都是整排的。

而 10、9、…、2 的最小公倍数是 2520。

这其中当然包括了那个多出来的 1 个人。

所以，韩信的兵数至少应该是 2520－1=2519（人）。

3. 余米推数

因为用 19 除、12 除都余 1 的数为 $19 \times 12 \times n + 1$，当 $n=1$ 时，为最小，是 229。但是用 229 除以 17 时，余数为 8，不是 14。要想余数是 14，则 $n=14$。此时这个数最小，为 3193。

所以每箩米有 3193 合，甲偷走 3193－1=3192（合），乙偷走 3193－14=3179（合），丙偷走 3193－1=3192（合）。

4. 兔子问题

第 1 个月初，有 1 对兔子；第 2 个月初，仍有 1 对兔子；第 3 个月初，有 2 对兔子；第 4 个月初，有 3 对兔子；第 5 个月初，有 5 对兔子；第 6 个月初，有 8 对兔子……把这些对数按顺序排列起来，可得到下面的数列：

1，1，2，3，5，8，13，…

观察这一数列，可以看出：从第 3 个月起，每月兔子的对数都等于前 2 个月对数的和。根据这个规律，推算出第 13 个月初的兔子对数，也就是 1 年后养兔人有兔子的总对数。

5. 数不知总

这个问题看起来比较麻烦，但通过细心观察，还是有窍门可寻的。

"用 5 除可以除尽"这个条件其实是多余的，因为这个数"以 715 除后余数 10"，那么必定是 5 的倍数。第三个条件"用 247 除，余数是 140"，就是说此数减去 247 的若干倍后还余 140。因为余数 140 是 5 的倍数，此数也是 5 的倍数，那么减去的 247 的倍数也应是 5 的倍数。因此这句话可改为"用 1235（247×5）去除，余数是 140"。同样第四句话也可改为"用 1955（391×5）去除，余数是 245"。

因为 1955 和 1235 两个数比较大，所以可以用验证法进行计算，从 245 逐次加 1955，直至得到的数用 1235 除，余数为 140 为止。

计算过程如下。

245 逐次加 1955 可得：2200、4155、6110、8065、10020、…，用 1235 去除的余数分别是 965、450、1170、655、140、…

所以可以得出 10020 满足这两项要求。

经检验，10020 也符合其他条件，它就是我们要求的数。

6. 运米问题

设两地距离为 x 千米，往返 3 次也就是说装米和空车各行了 $3x$ 千米。则有

$$3x/25 + 3x/35 = 5$$

解得

$$x = 875/36（千米）$$

所以两地相距 875/36 千米。

7. 利息问题

这道题就是一个等比数列求和问题。

$$1+2+3+4+\cdots+99+100 = (1+100) \times 100/2 = 5050$$

所以过期 100 天一共需要缴纳利息 5050 尺绢。

8. 三女归家

从刚相会到最近的再一次相会的天数,是 3 个女儿回家间隔天数的最小公倍数。也就是求 5、4、3 的最小公倍数,为 60。所以至少要隔 60 天,3 个人才能再次在娘家相会。

9. 三女刺绣

设这个花样总数为 1,则大女儿的速度为 1/7,二女儿的速度为 1/8,小女儿的速度为 3/29。

如果一起绣,所用时间为 1/(1/7+1/8+3/29) = 2.7(天)。

所以 3 个女子一起来绣这块花样,一共需要 2.7 天的时间。

10. 洗碗问题

设客人是 x 人,可用各种碗的个数合起来等于碗的总数的关系列方程解答。方程为

$$x/2 + x/3 + x/4 = 65$$

解得

$$x = 60(位)$$

所以她家一共来了 60 位客人。

11. 有女善织

若把第 1 天织的布看作 1 份,可知她第 2 天、3 天、4 天、5 天织的布分别是 2 份、4 份、8 份、16 份。根据织布的总尺数和总份数,能先求出第 1 天织的尺数,再求出以后几天织布的尺数。即

$$62/(1+2+4+8+16) = 2(尺)$$

所以她这 5 天分别织布 2 尺、4 尺、8 尺、16 尺、32 尺。

12. 五家共井

这个题目只要用五元一次方程组即可,其解法如下。

设甲、乙、丙、丁、戊五根绳子长度分别为 x、y、z、s、t,井深为 u,那么可列出方程组为

$$\begin{cases} 2x+y=u \\ 3y+z=u \\ 4z+s=u \\ 5s+t=u \\ 6t+x=u \end{cases}$$

解这个方程组,得

$$
\begin{cases}
x=265/721 \\
y=191/721 \\
z=148/721 \\
s=129/721 \\
t=76/721
\end{cases}
$$

而井深为 1 米。

13. 关税问题

设原来金子重量为 x,则:

第 1 关收税为　　　　$x/2$

第 2 关收税为　　　　$(x-x/2)$ $/3=x/6$

第 3 关收税为　　　　$(x-x/2-x/6)$ $/4=x/12$

第 4 关收税为　　　　$(x-x/2-x/6-x/12)$ $/5=x/20$

第 5 关收税为　　　　$(x-x/2-x/6-x/12-x/20)$ $/6=x/30$

则有　　　　　　　　$x/2+x/6+x/12+x/20+x/30=1$

解得

$$x=1.2（斤）$$

则这个人带了 1.2 斤金子。

14. 相遇问题

这个问题在古代是非常难的,但是现在我们来看,就是一个简单的相遇问题。设长安至齐国的距离为 1,甲的速度为 1/5,乙的速度为 1/7,因为乙先出发 2 天,所以列出算式为

$$(1-2/7)\ /\ (1/5+1/7)\ =25/12（天）$$

也就是说,还要再经过 25/12 天两人相遇。

15. 紫草染绢

一匹绢等于 40 尺,7 匹等于 280 尺。

设需要卖掉 x 尺,则剩下 $280-x$ 尺。

每卖 1 尺绢所买的紫草可以染绢数为 25/40 尺。

根据题意可得

$$25x/40=280-x$$

解得

$$x=172.3（尺）$$

所以要卖掉 172.3 尺,可以换紫草 172.3/40×30=129（斤）。

16. 木长几何

用方程解很简单,设木头长为 x,那么绳子的长就应该是 $x+4.5$,根据题意列方程得

$$x-（x+4.5）/2=1$$

解得

$$x=6.5（尺）$$

所以这块木头的长度为 6.5 尺。

17. 好马与劣马

本题解答过程有些复杂。

首先,要计算出两匹马相遇共跑的路程。好马跑完全程 3000 里后,再返回途中与劣马相遇,相遇时两匹马一共跑了 3000×2=6000（里）。所以可以把这个过程看成是一个简单的相遇问题,即好马相向而行,总距离为 6000 里。

然后再用等差数列求和公式,分别计算出两匹马各行多少里,它们的和为 6000 里,解出即可。

设 n 天后两匹马相遇,由等差数列求和公式列方程得

$$[193n+13n（n-1）/2]+[97n-1/2×n（n-1）/2]=6000$$

解得

$$n=15.7（天）$$

好马所走的距离为 193n+13n（n-1）/2=4534.24（里）,劣马所走的距离为 6000-4534.24 =1465.76（里）。

18. 老鼠穿墙

这是一个等比数列问题,又叫“盈不足术”。

第 1 日,大、小老鼠各打 1 尺,共计 2 尺;第 2 日,大老鼠打 2 尺,小老鼠打 0.5 尺,共计 2.5 尺,差 0.5 尺;第 3 日,大老鼠打 4 尺,小老鼠打 0.25 尺,共计 4.25 尺,多 3.75 尺。2 日不足,3 日则盈,需用 0.5÷4.25=2/17（日）,所以共用 $2\frac{2}{17}$ 日。

19. 余数问题

用 2 除余 1 很好理解,只要是奇数即可。所以首先我们来看后 3 个条件,这个数用 5 除余 2,用 7 除余 3,用 9 除余 4,那么把这个数乘以 2,它必定被 5 除余 4,用 7 除余 6,用 9 除余 8,也就是说如果这个数加 1 正好可以除尽 5、7、9。而可以被 5、7、9 除尽的最小整数是 5×7×9=315,那么这个数就应该是（315-1）/2=157。

20. 汉诺塔问题

因为就算有人会搬这些金片,它的步骤也非常巨大,是 $2^{64}-1$ 次。这个数究竟是多少呢?我们来算一下,答案为 18446744073709551615。搬这么多次金片一共需要多长时间呢?

假设搬一个金片要用 1 秒,则 18446744073709551615÷3600=5124095576030431（小时）,再除以 24 等于 213503982334601（天）,除以 365 等于 584942417355（年）,约等于 5849（亿年）。所以根本不需要高僧守护,没有人可以完成这个艰巨的任务。

21. 铜币问题

共有 （100+10）÷[3/（3+1）-1/（7+1）]=176（枚）

| 甲有 | $176 \times 3/(3+1) - 100 = 32$（枚） |
| 乙有 | $176 - 32 = 144$（枚） |

22．七猫问题

总数是 19607。

房子有 7 间，猫有 $7^2 = 49$ 只，鼠有 $7^3 = 343$（只），麦穗有 $7^4 = 2401$（个），麦粒有 $7^5 = 16807$（颗）。全部加起来就是 19607。

可以说这是世界上最古老的数学趣题了。大约在公元前 1800 年，埃及的一个僧侣名叫阿默士，他在纸草书上写有如表 1 所示的字样。

表 1

家	猫	鼠	麦	量器
7	49	343	2401	16807

但他没有说明是什么意思。

2000 多年后，意大利的裴波那契在《算盘书》中写了这样一个问题，大意为：7 个老妇同赴罗马，每人有 7 匹骡，每匹骡驮 7 个袋，每个袋盛 7 个面包，每个面包带有 7 把小刀，每把小刀放在 7 个鞘之中，问各有多少？

受到这个问题的启发，德国著名的数学史家 M. 康托尔推断阿默士的题意和这个题所问是相同的。

这类问题，在 19 世纪初又以歌谣体出现在算术书中：

我赴圣地爱弗西，

途遇妇女数有七，

一人七袋手中提，

一袋七猫数整齐，

一猫七子紧相依，

妇与布袋猫与子，

几何同时赴圣地？

23．黑蛇进洞

每 5/14 天只前进了 15/2 安古拉，每天前进 $15/2 \div 5/14 = 21$（安古拉），它的尾巴每 1/4 天就要长出 11/4 安古拉，每天长出 $11/4 \div 1/4 = 11$（安古拉）。

设大黑蛇要过 x 天才能完全进洞，则有

$$21x = 80 + 11x$$

解得

$$x = 8（天）$$

所以大黑蛇要 8 天才能完全进洞。

24．埃及金字塔的高度

法列士选择一个晴朗的天气，组织测量队的人来到金字塔前。太阳光给每一个测量队

的人和金字塔都投下了长长的影子。当法列士测出自己的影子等于他自己的身高时，便立即让助手测出金字塔的阴影长度。他根据塔的底边长度和塔的阴影长度，很快就算出了金字塔的高度。

25. 圆城问题

设这个圆城的半径为 r，则 $CD=CE=600-r$

又因为 $MN=EN=72$

所以在三角形 BCN 中，运用勾股定理，可得

$$CN=\sqrt{(r+72)(r+72)+(600-2r)(600-2r)}$$

而 $CN+EN=CE$

代入 $\sqrt{(r+72)(r+72)+(600-2r)(600-2r)}+72=600-r$

解得 r 为 120 或 180。

26. 方城问题

据题意，作图如图 1 所示。

其中，$OE=OD=5$，$(OA+AB):OB=5:3$。

设 $OA=x$，$OB=y$，由勾股定理知 $AB^2=x^2+y^2$；

由三角形相似知 $DB/DC=EC/EA$，于是得到方程组为

$$\begin{cases} x+\sqrt{x^2+y^2}=5y/3 \\ (x-5)(y-5)=25 \end{cases}$$

消去 x，解得

$$y=115/8 \text{ 里} =14.375 \text{ 里}$$

甲走的距离为 $115/8 \times 5/3=575/24=23.958$（里）

所以甲走了 23.958 里，乙走了 14.375 里。

27. 葭生池中

如图 2 所示，根据题意可知：AB 为 10 尺（一丈），O 为 AB 中点，CO 为 1 尺，$CD=BD$，求 DO 的长度。

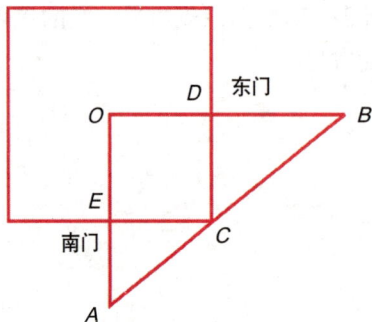

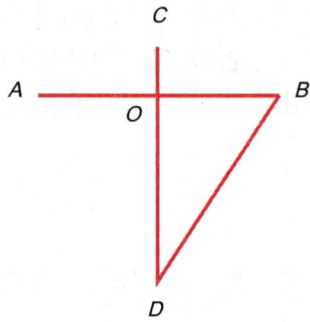

图 1   图 2

在三角形 OBD 中,设 $OD=h$,则 $BD=h+1$,$BO=5$,根据勾股定理得

$$h\times h+5\times 5=(h+1)\times(h+1)$$

解得

$$h=12（尺）$$

所以水深为 12 尺,芦苇高度为 13 尺。

28. 造仰观台

设上底的宽为 x,则上底的长为 $x+3$,高为 $x+11$,下底宽为 $x+2$,下底长为 $x+3+4=x+7$。则根据这个梯形台的体积,列出方程为

$$[2(x+2)(x+7)+2x(x+3)+x(x+7)+(x+2)(x+3)]\times(x+11)/6=0.075\times(1418+3222)\times5$$

解得

$$x=7（尺）$$

代入方程中即可以求出梯形台的长、宽、高。

29. 望海岛

连接 CE,延长线交 AB 于 I,设 AI=x，CI=y,因为三角形相似可以列出方程组为

$$\begin{cases} y/x=123/5 \\ (y+1000)/x=127/5 \end{cases}$$

解得

$$\begin{cases} x=1250（步）\\ y=30750（步）\end{cases}$$

所以岛高为 1250+5=1255 步,岛与前表相距 30750 步。

30. 临台测水

本题可以根据相似三角形求得答案。

因为三角形 EFG 与三角形 EIJ 相似,可设水深 EI 为 x,则有

$$x：IJ=5：12$$

即

$$IJ=12x/5$$

又因为三角形 ABC 与 AHJ 相似,所以有

$$AB：BC=AH：HJ$$

即

$$5：4.15=(x+30+5)：(2+12x/5)$$

解得

$$x=17.23（尺）$$

所以水退去的高度为 17.23 尺。

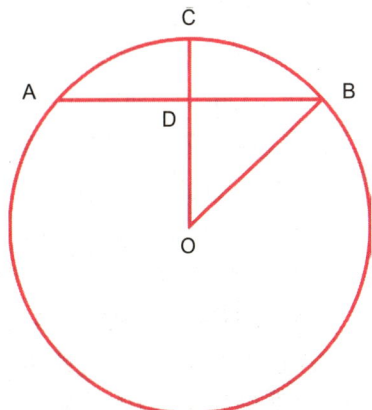

31. 圆木问题

根据题意,画图如图 3 所示。

已知：AB=10 寸，CD=1 寸,求圆的半径 r。可解得

$$OB=r，OD=r-1，BD=5$$

图 3

在三角形 BDO 中,根据勾股定理可以求出 r=13(寸)。

32. 筑堤问题

因为每人每天发 3 升米,共发了 430 石 9 斗 2 升米,所以合计用了 14364 人次。

又因为第一天派 64 人,以后每天增加 7 人,所以可以持续派(1864−64)/7=257(天),还余 1 人。这是一个等差数列,第一天为 64,第二天为 64+7,第三天为 64+7×2……第 257 天为 64+7×256,第 258 天为 64+7×257。我们先来求它的和,即为 64×258+7×(1+2+3+…+257)=64×258+7×(258×128+129)远大于 14364,也就是说,没等这些人全部派完就已经修完了。因为这是一个等差数列。设天数为 x,根据题意得

$$14364=64+(64+7)+(64+7×2)+…+[64+7×(x−1)]$$

解得

$$x=56(天)$$

所以一共修堤 56 天。

33. 割草问题

"割草问题"的解法较多,既可以用小学所学的算术方法解,也可以用中学所学的方程组解。下面先用最基本的列方程组的方法来解。

设割草队共有 x 人,每人每天割草的面积为 1,小块草地的面积为 k,则大块草地的面积为 $2k$。

根据题意列方程组,得

$$\begin{cases} \dfrac{x}{2}+\dfrac{x}{2}×\dfrac{1}{2}=2k \\ \dfrac{x}{2}×\dfrac{1}{2}+1=k \end{cases}$$

解得

$$\begin{cases} x=8 \\ k=3 \end{cases}$$

所以割草队共有 8 人。

另外,在"割草问题"中,有个非常值得一提的解法。

因为大块草地面积是小块草地面积的 2 倍,全队人在大块草地上割半天所割下草的面积也是一半人在小块草地上割半天所割下草的面积的 2 倍。由于大块草地上的剩下部分由一半人半天割完,所以小块草地上的剩下部分也需要总人数的 1/4 用半天割完,相当于总人数的 1/8 用一天割完,而实际上,小草地上的剩余部分由 1 人割 1 天割完,所以总人数为 8。

这种构图法构思巧妙,解法简捷,是"割草问题"最为简捷的解法,几乎不用动笔。在这种方法的背后,实际上用到了一个推理,即由"大块草地面积是小块草地面积的 2 倍"得到"全队人在大块草地上割半天所剩下草的面积是一半人在小块草地上割半天所剩下草的面积的 2 倍",这是为什么呢?

根据"大块草地面积是小块草地面积的 2 倍"可设小块草地的面积为 a,则大块草地

的面积为 $2a$。再设一半人在小块草地上工作半天的割草面积为 b，则全队人在大块草地上工作半天的割草面积为 $2b$，因此全队人在大块草地上割半天所剩下草的面积是 $2a-2b$，一半人在小块草地上割半天所剩下草的面积是 $a-b$，显然 $2a-2b=2$ $(a-b)$。

34．狗跑步问题

这个问题其实很简单，关键点在于不计狗转弯的时间而且速度恒定。也就是说，只要计算出小狗跑这段路程一共所需要的时间就可以了，而这段时间正好与甲乙两人相遇的时间相同。所以 $t=50/$ $(3+2)$ $=10$ （小时），小狗跑的路程 $s=5 \times 10=50$ （千米）。

35．女生散步问题

这个问题比较难，下面列出其中一个符合条件的组合，其实满足要求的答案还有很多，感兴趣的读者可以自己研究摸索一下。

星期日：010203，040812，051015，061113，070914；

星期一：010405，020810，031314，060915，071112；

星期二：010607，020911，031215，041014，050813；

星期三：010809，021214，030506，041115，071013；

星期四：011011，021315，030407，050912，060814；

星期五：011213，020406，030910，051114，070815；

星期六：011415，020507，030811，040913，061012。

36．分牛问题

设公牛中，白、黑、花、棕 4 种颜色的牛分别为 a、b、c、d 头，母牛中，白、黑、花、棕 4 种颜色的牛分别为 e、f、g、h。

根据题意列出方程组为

$$\begin{cases} a-d=b/2 \\ b-d=c/3 \\ c-d=a/4 \\ e=(b+f)/3 \\ f=(c+g)/4 \\ g=(d+h)/5 \\ h=(a+e)/6 \end{cases}$$

因为有 8 个未知数，只有 7 个方程，所以解不止一个，我们来求最小值。

解得

$$\begin{cases} a=40d/23 \\ b=34d/23 \\ c=33d/23 \\ e=5248d/8257 \\ f=3538d/8257 \\ g=2305d/8257 \\ h=3268d/8257 \end{cases}$$

又因为这些数字都必须是整数,所以 d 的最小值为 8257。

其他数字分别为:$a=14360$,$b=12206$,$c=11847$,$d=8257$,$e=5248$,$f=3538$,$g=2305$,$h=3268$。

37. 哥德巴赫猜想

(1) $100=3+97$

(2) $50=47+3=43+7=37+13$

(3) $20=17+3=7+13$

38. 三十六军官问题

如果用 (1,1) 表示来自第 1 个军团具有第 1 种军阶的军官,用 (1,2) 表示来自第 1 个军团具有第 2 种军阶的军官,(6,6) 表示来自第 6 个军团具有第 6 种军阶的军官,欧拉的问题就是如何将这 36 个数对排成方阵,使得每行每列的数无论从第 1 个数看还是从第 2 个数看,都恰好是由 1、2、3、4、5、6 组成。

三十六军官问题提出后,很长一段时间没有得到解决,直到 20 世纪初才被证明这样的方队是排不起来的。尽管很容易将三十六军官问题中的军团数和军阶数推广到一般 n 的情况,而相应的满足条件的方队称为 n 阶欧拉方。

39. 分酒问题

利用两次小容器盛酒比大容器多 1 升和本身盛 3 升的关系,即可以凑出 4 升的酒。具体做法如表 2 所示。

表 2

次数	升数		
	八升	五升	三升
第一次	3	5	0
第二次	3	2	3
第三次	6	2	0
第四次	6	0	2
第五次	1	5	2
第六次	1	4	3
第七次	4	4	0

40. 牛吃草问题

因为这片草地上的草天天都以同样的速度在生长。设草地上原有草量为 a,每头牛每天吃草 b,草每天生长量为 c,那么 $a+22c=10 \times 22 \times b$,$a+10c=16 \times 10 \times b$,两式相减得 $c=5b$,也就是说草地上每天新长出的草够 5 头牛吃的,所以只需知道草地上原有的草够吃几天即可。原有的草够 (10−5) 头牛吃 22 天,够 (16−5) 头牛吃 10 天。由此可以求出,够 (25−5) 头牛吃 5.5 天。

所以,这片草地可以供 25 头牛吃 5.5 天。

41．七个7

这个问题非常难,首先把商的几位设为$ab7cd$,除数设为$UVWX7Y$。

很显然,从商第3位（7）与除数相乘仍为六位数可以发现,$U=1$,同理,也可以知道几个积为七位数的,积的第一位必然是1。另外,a和d小于或等于7,b和c都大于7。就这样一步步将可以确定的数字填写进去,逐步推理。最终结果为：除数为125473,被除数为7375428413,商为58781。

42．蜜蜂问题

可以将这道题归结为简单的方程。

设共有x只蜜蜂,由条件得

$$x/5+x/3+3\times(x/3-x/5)+1=x$$

解这个方程,得

$$x=15（只）$$

所以答案是共有15只蜜蜂。

43．短衣问题

设这件短衣的价值为x元。

则根据题意列方程为

$$(5+x)/(12+x)=7/12$$

解得

$$x=4.8（元）$$

这件短衣价值为4.8元。

44．领导问题

$$27/(1-2/5-2/7-1/4)=420（人）$$

所以这位船长领导下共有420人。

45．遗产问题

大家不要被这么长的题目弄晕,只要抓住题中的关键所在,从后往前推算,就可以迎刃而解了。首先我们设这位父亲共有n个儿子,最后一个儿子为第n个儿子,则倒数第二个就是第$(n-1)$个儿子。通过分析可知：

第一个儿子分得的财产 $=100\times1+$ 剩余财产的十分之一;

第二个儿子分得的财产 $=100\times2+$ 剩余财产的十分之一;

第三个儿子分得的财产 $=100\times3+$ 剩余财产的十分之一;

……

第$(n-1)$个儿子分得的财产 $=100\times(n-1)+$ 剩余财产的十分之一;

第n个儿子分得的财产为$100n$。

因为每个儿子所分得的财产数相等,即$100\times(n-1)+$ 剩余财产的十分之一$=100n$,所以剩余财产的十分之一就是$100n-100\times(n-1)=100$（克朗）。

那么,剩余的财产就为 $100 \div \frac{1}{10} = 1000$(克朗)

最后一个儿子分得 $1000 - 100 = 900$(克朗)。

从而得出,这位父亲有($900 \div 100$)= 9（个）儿子,共留下财产 $900 \times 9 = 8100$(克朗)。

46．遗嘱问题

其实这个问题很简单,只要满足一点,就是儿子所得是母亲的 2 倍,母亲所得是女儿的 2 倍,即可满足这个人的遗嘱。

列个方程就可以很方便地解出这个问题。首先,设女儿所得为 x,则妈妈所得为 $2x$,儿子所得为 $4x$。

所以分配方法为将所有财产平均分为 7 份,儿子得 4 份,母亲得 2 份,女儿得 1 份。

第二部分 奥 数 精 选

47．作家

作家第一次赚了 9000 元,第二次赚了 2000 元。第三次与他无关,所以作家一共赚了 11000 元。

48．考试分数

两个数字对调的差总是 9 或者 9 的倍数。由此知道：甲的分数是 54,乙为 45,丙是 4.5。

49．奇怪的数字

在数字中,除 0 外,只有 1 和 8 照出来依旧是数字,所以两个数的乘积是 81,和是 18,而这个数的个位与十位应该都是 9。这个数是 99。

50．合伙买啤酒

甲带了 18 元,乙带了 24 元,丙带了 7 元,丁带了 63 元。

设甲的钱加上 3 元等于 x。然后分别表示出甲乙丙丁的钱数,即可求出 x,以及四个人的钱数。

51．上学路上

小明从家到学校,如果按两种速度走,相差的路程是（60×2）米,根据两种速度又知每分钟相差（$60-50$）米,这就可求出小明按每分钟 50 米的速度到校。

解：
$$60 \times 2 \div (60-50) = 12 \text{（分）}$$
$$50 \times 12 = 600 \text{（米）}$$

所以小明家距离学校是 600 米。

52．两个村庄

甲、乙的路程是一样的,甲用的时间少 5 小时,设甲用了 t 小时。 可以得到

$$12t=8\ (t+5)$$
$$t=10$$

所以，距离 =120（千米）

53．平均分

如果他第 10 次依然得 80 分，那么他的平均分就是 80 分，而要使平均分多 1 分，则需要增加 10 分，即得 90 分。

54．年龄

可能的年龄有：31 和 13 岁、42 岁和 24 岁、53 岁和 35 岁、64 岁和 46 岁、75 岁和 57 岁、86 岁和 68 岁、97 岁和 79 岁。根据儿子的说法，他们的年龄应该是 64 岁和 46 岁。

55．伪慈善

因为如果真如他所说，最少给了一个 1 元硬币，而且每个人得到的又不相同，那至少应该有 1+2+3+4+5+6+7+8+9+10=55（个）硬币，不可能是他说的 50 个。

56．龟兔赛跑

当它们相遇的时候，兔子跑了全程的 1/6，而兔子跑的这段时间内，乌龟跑了 17/24，也就是说乌龟的速度是兔子速度的 17/4 倍。兔子还有 5/6 圈的路程要跑，而乌龟只有 1/6 圈，所以兔子的速度就必须至少是乌龟的 5 倍，也就是它自己原来速度的 85/4 倍才行。

57．利润问题

26% 的利润。

设手机的本钱为 1，那么卖给客户时的交易价格是 1.3，回收的价格是 $1.3 \times 0.8 = 1.04$。

小王先后的总支出是使用手机三个月的话费，总收入是 $1.3 - 1.04 = 0.26$。

58．史上最难的概率题

"A 声称 B 否认 C 说 D 是说谎了" = "A 声称 B 认为 C 说 D 是说真话"

这个条件有如下的几种可能：

D 真 C 真 B 真 A 真，概率为 1/81；

D 真 C 假 B 假 A 真，概率为 4/81；

D 真 C 假 B 真 A 假，概率为 4/81；

D 真 C 真 B 假 A 假，概率为 4/81；

D 假 C 假 B 真 A 真，概率为 4/81；

D 假 C 真 B 假 A 真，概率为 4/81；

D 假 C 真 B 真 A 假，概率为 4/81；

D 假 C 假 B 假 A 假，概率为 16/81。

这样，D 说了真话的概率是：(1+4+4+4) / (1+4+4+4+4+4+4+16) =13/41。

59．掷骰子

因为不可能掷到 1，实际上只有掷到 2～6 甲才能赢。掷到 2 的概率是 1/36；掷到 3 的概率是 2/36；掷到 4 的概率是 3/36；掷到 5 的概率是 4/36；掷到 6 的概率是 5/36。总和为 5/12，而乙赢的概率为 7/12，两者相差了 1/6。

60．赛跑

小兔子的速度是小狗的 90%；小马的速度是小兔子的 90%；小山羊的速度是小马的 105%。小山羊的速度是小狗的 85.05%，所以还差 14.95 米。

61．羽毛球循环赛

6 个人胜的场数和败的场数应该是一样的，前 5 个人胜了 14 场，败了 16 场，也就是说第 6 个人胜的场数应该比败的场数多 2 场。又因为每个人都要比赛 6 场，所以成绩应该是 4 胜 2 败。

62．兔子背胡萝卜

兔子先背 50 根胡萝卜到 25 米处，这时吃了 25 根，还有 25 根，放下。回头再背剩下的 50 根，走到 25 米处时，又吃了 25 根，还有 25 根。再拿起地上的 25 根，一共有 50 根，继续往家走，还剩 25 米，要吃 25 根，到家时剩下 25 根。

63．马车运菜

必须运货时最大化（1000 千克），回来时最小化（1 千克），即每次前进 1 公里，所以，当菜量大于 2000 千克时，要运 3 次，每公里损耗 5 千克菜；当菜量大于 1000 千克时，要运 2 次，每公里损耗 3 千克菜；当菜量小于或等于 1000 千克时，就能直接运往终点，且每公里只损耗 1 千克菜。

（1）1000/5=200，走完 200 公里时损耗 200×5=1000（千克），余 2000 千克。

（2）1000/3=333.3，再走完 333.3 公里时损耗 333.3×3=1000（千克），余 1000 千克。

（3）剩下 1000 千克菜，需要走 1000−200−333=467（公里），所以最后剩下 1000−467=533（千克）菜可以运到城镇。

64．砝码称重

（1）可以称 6 种不同重量。从这 4 个砝码中任意选择 2 个组合，可以产生的不同组合是：（10 克，20 克），（10 克，40 克），（10 克，80 克），（20 克，40 克），（20 克，80 克），（40 克，80 克）。

（2）丢失的砝码是 40 克的。

65．称量水果

把 10 个箱子分别编号为 1～10，第 1 箱取 1 个，第 2 箱取 2 个，……第 10 箱取 10 个，放在秤上一起秤。本来应该是 55×500 克，当混入每个 400 克的桃子时，总重量会减少。减少几百克，就说明有几个 400 克的桃子，也就知道几号箱子里是 400 克的桃子了。

66．丢手绢游戏

一共有 24 人参加游戏。因为每个人都与两个性别相同的人相邻,而参加游戏的孩子又有男有女,也就是说他们一定是男孩和女孩交叉排列的。有 12 个女孩就一定还有 12 个男孩,所以一共是 24 个孩子。

67．剩下的牌

积是 24 有两种情况：3、8；4、6。

商是 3 的只可能有三种情况：1、3；2、6；3、9。

综合起来只有一种可能的情况：A 拿的两张牌是 1、9；B 是 4、5；C 是 3、8；D 是 6、2。剩下的那张牌是 7。

68．火车过桥问题

公式：(车长＋桥长) / 火车车速 = 火车过桥时间

速度为每小时 64.8 千米的火车,每秒的速度为 18 米,某列车通过 250 米长的隧道用 25 秒,通过 210 米的铁桥用 23 秒。

该火车车速为

$$(250-210) / (25-23) = 20 （米 / 秒）$$

路程差除以时间差等于火车车速。

该火车车长为

$$20×25-250=250 （米）$$

或

$$20×23-210=250 （米）$$

所以该列车与另一列长 320 米、速度为每小时行 64.8 千米的火车错车时需要的时间为

$$(320+250) / (18+20) =15 （秒）$$

69．骑自行车

由每小时行 12 千米、5 小时到达可求出两地的路程,即返回时所行的路程。由去时 5 小时到达和返回时多用 1 小时,可求出返回时所用时间。

解： $12×5÷(5+1)=10 （千米）$

即返回时平均每小时行 10 千米。

70．硬币的正面与反面

一个正面一个背面有两种情况,所以应该是 1/4。

71．市长竞选

按照最少的候选人数投票,也就是说,假设这 49 票都投给了其中的 4 个人,那么第 3 名一定要得到比平均数多的票才能超过第 4 名,确保当选。而平均数是 49/4=12.25,所以至少要得到 13 票,才能确保当选。

72．排数字

顺序为 2、4、1、3。

首先和为 5 只有两种可能，即 1+4 或者 2+3。还需要满足第二个条件，那么就只有 1 和 4 符合要求了。这样就可以确定出来 4 个数字的位置了。

73．四姐妹的年龄

把 15 分解因数，则有 15=3×5×1×1 或者 15=15×1×1×1（双胞胎或者三胞胎）。

74．海运

1/3 的货物重为 5.5−5.1=0.4(吨)，所以货物一共有 1.2 吨，船身重为 5.5−1.2=4.3(吨)。

75．酒精纯度

假设第 1 次混合时，甲种酒精取了 A 升，乙种酒精取了 B 升。根据题意，可知

$$0.72A+0.58B=0.62×(A+B) \tag{1}$$
$$0.72×(A+15)+0.58×(B+15)=0.6325×[(A+15)+(B+15)] \tag{2}$$

从算式（1）得出

$$B=2.5A \tag{3}$$

从算式（2）得出

$$35A=21B-21 \tag{4}$$

将（3）式代入（4）式，得

$$A=1.2$$

代入（3）式，得 $B=3$。

即第一次混合时，甲种酒精取了 1.2 升，乙种酒精取了 3 升。

76．卖报纸

分别求出只买《日报》《晚报》《晨报》的人数，分别为 50−12−13−3=22，60−14−12−3=31，70−14−13−3=40，所以顾客人数为 14+13+12+3+22+31+40=135（人）。

77．小明吃苹果

设他先吃掉 x 个，剩下 $x−4$ 个。

$$x+1=3×(x−4−1)$$
$$x=8$$

剩下 8−4=4（个）。

所以一共有 8+4=12 个苹果。

78．种树

由已知条件可得，其他 6 个小队共种了 100−18=82（棵），为了使种树最少的小队种得最少，那么其余 5 个小队应该越多种越好，有 17+16+15+14+13=75（棵），所以最少的小队至少要种树 82−75=7（棵）。

79．折页

首先计算一下 1+2+3+…+45，结果是 1035。所以折起的两页之和为 35，也就是为 17、18 两页。

80．插图

第 1 个插图在第 2 页，第 2 个插图在第 6 页，也就是说中间隔了 4 页，所以第 10 幅插图在 2+9×4=38（页）。

81．三堆硬币

倒着推算即可。因为一共有 48 枚硬币，最后 3 堆数量相同，即每堆为 48/3=16（枚）。第 3 次并入第 1 堆的硬币数为 16/2=8（枚），即第 3 堆有 16+8=24（枚）硬币。所以第 2 次并入第 3 堆的硬币数为 24/2=12（枚），即第 2 堆有 16+12=28（枚）硬币。第 1 次并入第 2 堆的硬币数为 28/2=14（枚），所以第 1 堆有 8+14=22（枚）硬币。

所以最开始的时候，第 1 堆有 22 枚硬币，第 2 堆有 14 枚硬币，第 3 堆有 12 枚硬币。

82．平均速度

如果你觉得是（20+10）/2=15（千米 / 小时），那就错了。

正确的方法为：设这段距离为 s，则上学所用的时间为 $s/20$，放学所用的时间为 $s/10$。平均速度 =2s/（$s/20+s/10$）=40/3（千米 / 小时）。

83．男孩和女孩

由于每个人都看不到自己头上戴的帽子，所以男孩看来是一样多，则说明男孩比女孩多一个，设女孩有 x 人，那么男孩有 $x+1$ 人。而在每一个女孩子看来，天蓝色游泳帽是粉红色游泳帽的两倍。也就是说 2（$x-1$）=$x+1$，解得 $x=3$。所以男孩为 4 个，女孩为 3 个。

第三部分　趣 味 数 学

84．默想的数字

设你想的数为 x，结果是 y。

$$y=2（x-3）+x$$

解得

$$x=（y+6）/3$$

所以根据对方给的结果，做一下简单的计算就可以得到其默想的数字了。

85．抽屉原理

4 个。

在最差的情况下，抓 3 个至少是每种颜色的彩球各一个，所以再多抓一个，也就是 4 个，那么里面一定会有 2 个是一样颜色的。这就是最简单的"抽屉原理"。

下面解释一下"抽屉原理",我们先看几个例子:

"任意 367 个人中,必有生日相同的人。"

"从任意 5 双手套中任取 6 只,其中至少有 2 只恰为一双手套。"

"从数 1,2,…,10 中任取 6 个数,其中至少有 2 个数为奇偶性不同。"

……

大家都会认为上面所述结论是正确的。这些结论是依据什么原理得出的呢? 这个原理叫作抽屉原理。它的内容可以用形象的语言表述为:"把 m 个东西任意分放进 n 个空抽屉里 ($m > n$),那么一定有一个抽屉中放进了至少 2 个东西。"

在上面的第一个结论中,由于一年最多有 366 天,因此在 367 人中至少有 2 人出生在同月同日。这相当于把 367 个东西放入 366 个抽屉,至少有 2 个东西在同一抽屉里。在第二个结论中,不妨想象将 5 双手套分别编号,即号码为 1,2,…,5 的手套各有两只,同号的两只是一双。任取 6 只手套,它们的编号至多有 5 种,因此其中至少有两只的号码相同。这相当于把 6 个东西放入 5 个抽屉,至少有 2 个东西在同一抽屉里。

86．分放宝石

红盒子里宝石的数量是 12 颗。因为拍掌的次数是 21 次,所以 30 颗宝石不会全放在红盒子里。如果 21 次都往蓝盒子里放宝石,那么一共要放 42 颗宝石。42 颗宝石比总宝石数多了 12 颗。所以 30 颗宝石也不是都放在蓝盒子里的,有一部分放在了红盒子里。每往红盒子里放 1 颗宝石,也要拍掌 1 次,这样拍掌的数量不会变化。但放的宝石数量比放在蓝盒子里要少一颗。所以往红盒子里放的宝石数量是 (42−30) ÷ (2−1) =12 (颗)。

87．12 枚硬币

设除了 5 枚一样的硬币外,剩下的两种硬币分别为 x 枚和 y 枚。

假设 5 枚硬币是 1 分的,剩下的 7 枚硬币的和应该是 3 角 1 分。$x+y=7$,$2x+5y=31$,没有整数解。

假设 5 枚硬币是 2 分的,剩下的 7 枚硬币的和应该是 2 角 6 分。$x+y=7$,$x+5y=26$,没有整数解。

假设 5 枚硬币是 5 分的,剩下的 7 枚硬币的和应该是 1 角 1 分。$x+y=7$,$x+2y=11$,$x=3$,$y=4$。

所以这 5 枚硬币一定是 5 分的。

88．国王的年龄

72 岁。

假设国王的年龄为 x 岁,根据说明很容易列出方程:$x=x/8+x/4+x/2+9$,即可解得:$x=72$。题目中的数字 4 和 12 是没有用的。

89．哪桶是啤酒

40 升的桶装着啤酒。

第 1 位顾客买走了 1 桶 30 升和 1 桶 36 升,一共是 66 升的葡萄酒。第 2 位顾客买了

132升的葡萄酒——32升、38升和62升的桶。这样,现在就只剩下40升的桶原封不动,因此,它肯定是装着啤酒。

90. 砝码数量

至少需要5个砝码,分别重为1克、3克、9克、27克、81克。

砝码是可以放在天平左右两个托盘里的,等号左边代表被称物,右边代表砝码:

$$1=1$$
$$2=3-1$$
$$3=3$$
$$4=3+1$$
$$5=9-3-1$$
$$6=9-3$$
$$7=9-3+1$$
$$8=9-1$$
$$9=9$$
$$10=9+1$$
$$11=9+3-1$$

…

121之内都可以表示出来。

91. 星期几

30000天有4285周零5天,所以5天后是星期几,30000天后就是星期几,所以是星期一。

92. 抽奖

他只要站在老师的左边就行了,因为每一轮都是偶数留下,轮到最后还是偶数留下,所以他是最后一名,即64号。

93. 两手数数

按题目要求循环数的时候,是以18为循环。2000除18后余2,所以数到1998根手指的时候刚好到左手食指,再数两下:左手拇指、左手食指。所以第2000根手指是左手食指。

94. 1=2?

$$a(b-a)=(b+a)(b-a)$$
$$a=b+a$$

这一步错了,因为$a=b$,所以$b-a=0$。等号两边不能同时除以0。

95. 颠三倒四

$$3+3/3=4$$

96．重新排列

方法如图 4 所示。

2	5	4	3	1
5	4	3	1	2
4	1	5	2	3
1	3	2	5	4
3	2	1	4	5

图 4

97．年龄问题

儿子 2 岁，女儿 6 岁，她 36 岁，她老公 72 岁。

98．刷碗

如果 10 个碗都是小明刷的，那么乘以 3 会得到 30。现在是 34，说明有 4 个数被乘以了 4，所以，小红刷了 4 个碗，小明刷了 6 个碗。

99．画出球的表面积

因为球的表面积为 $4\pi R^2$，一半就是 $2\pi R^2$。而圆的面积公式为 πr^2，$r=\sqrt{2R}$，也就是说只要让纸上画的这个圆的半径是球半径的 $\sqrt{2}$ 倍即可。方法：把圆规一条腿插在球上一点（想象为地球的"北极"），把另一条腿插到"赤道"上，保持圆规的角度不变，在白纸上画一个圆，就是所要圆的大小了。

100．两数之差的三角形

方法如图 5 所示。

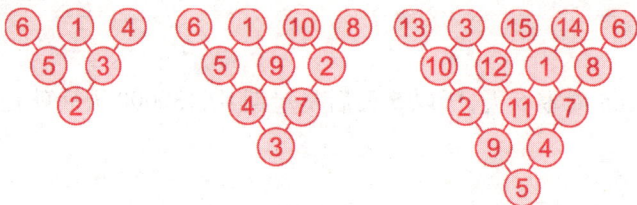

图 5

101．几个零

有 48 个 0。只需数一下 1 到 200 中末尾含有 0 和 5 的个数即可，其中 25、50、75、100、125、150、175 和 200 都会出现两个 0。

3	10	5
8	6	4
7	2	9

图 6

102．魔术方阵

很简单，在原方阵各格中的数字上加上 1 就行了（图 6）。

103．有趣的算术题

24（分）+36（分）=1（小时）

11（小时）+13（小时）=1（天）

158（天）+207（天）=1（年）

46（年）+54（年）=1（世纪）

而 2 减去 1 本来就等于 1。

104．有多少个 3

共有 20 个。要注意 30 ~ 39 的范围内就有 11 个 3。或者可以这样计算：个位数是 3 的有 10 个，十位数是 3 的也有 10 个，百位数是 3 的有 0 个。

105．最后三位数是什么

只要算一下 625×625 就可以看出来规律了，因为 625×625=390625，末尾 3 位数字仍然是 625，也就是说无论乘以多少个 625，最后 3 位数都是 625。

106．凑钱买礼物

每一个孩子所带的纸币中没有相同的，如果有一个孩子没带 10 元，同时他拿了纸币，那他只能有一张 5 元的纸币，那另外两个孩子必然会只有一个孩子有 5 元，剩下那个没有 5 元的孩子也没有 10 元纸币，只能有一张 1 元的，这样，剩下的那个孩子要有两张 10 元的，与条件不符，所以，那个没带 10 元纸币的孩子也不能有其他的纸币。所以三个孩子所带的纸币为：其中两个孩子带了 1 元、5 元、10 元的纸币各一张，另外一个孩子没有带钱。

107．算术题

$$2000÷7 \quad 余 5$$
$$25÷7 \quad 余 4$$
$$16÷7 \quad 余 2$$

所以剩下的余数为 2^{500} 的余数，因为 2－4－1－2－4－1 在交替，所以最后是 4。

或者 $2000^{2000}=(286×7-2)^{2000}$，二项式展开，不含因子 7 的只有最后一项 2^{2000}；$2^{2000}=(14+2)^{500}$，展开后剩 2^{500}。同理继续降幂，最后就是 $2^8=256=7×36+4$。

所以最后的余数应该是 4。

108．拼凑出 10

$$(1+1÷9)×9=10$$

109．翻黑桃

第三张是黑桃 A 的概率是 90%，第四张是黑桃 A 的概率是 10%。

110．红黑相同

A 组中的黑色牌数设为 x，则 A 组中剩下的 $26-x$ 张是红色牌。一副牌一共有 26 张红色牌，所以 B 组中有 x 张红色牌。因此 A 组中的黑色牌数和 B 组中的红色牌数必然是相同的，概率为 100%。

111．手里的剩牌

小王剩了 13 张，小李剩了 15 张，小张剩了 12 张。

112．六色相同

一副完整的扑克牌包括大小王两张，共有 54 张。若把大小王除去，就剩 52 张，四种花色各 13 张。

运气最差的时候可能会抽 22 张都没有 6 张是相同花色的：每种花色各 5 张，加上大小王。这样再抽出一张就保证有 6 张牌的花色相同。因此，至少要抽 23 张才能保证有 6 张牌的花色相同。

113．有趣的 37

$$111 \div (1+1+1) = 37$$
$$222 \div (2+2+2) = 37$$
$$333 \div (3+3+3) = 37$$
$$444 \div (4+4+4) = 37$$
$$555 \div (5+5+5) = 37$$
$$666 \div (6+6+6) = 37$$
$$777 \div (7+7+7) = 37$$
$$888 \div (8+8+8) = 37$$
$$999 \div (9+9+9) = 37$$

114．有趣的算式

$$7777 \times 9999 = 77762223$$
$$77777 \times 99999 = 7777622223$$
$$777777 \times 999999 = 777776222223$$
$$7777777 \times 9999999 = 77777762222223$$

115．公平分配

把剩下 7 个半瓶的酒中的 2 个半瓶倒入另外 2 个半瓶中，这样就是 9 个满的，3 个半满的，9 个空的。一人有 3 个满的，1 个半瓶的，3 个空瓶。

116．曹操的难题

张辽的军队到达之前，曹操的士兵已经吃了一天的粮食了，所以现在的粮食还够 20 万人吃 6 天。加上张辽的人马后只能吃 5 天了，这就是说张辽的人马在 5 天内吃的粮食等于曹操原来士兵 1 天吃的，所以张辽带来了 4 万人。

117．酒徒戒酒

我们来算一下第 39 次喝完酒后要等多久才能喝第 40 次酒：$2^{39}=536870912$（小时）$=22369621$（天），他这辈子是喝不上酒了。

118．某个数字

由于 3 个数都在个位上，所以 2 个数的乘积个位还是这个数的有 0、1、5、6 这 4 个数。把这 4 个数代入进去，试一试。

$$90 \times 0 = 0$$

$$91 \times 1=91$$
$$95 \times 5=475$$
$$96 \times 6=576$$

所以答案是 6。

119．死者的年龄

死者没有活到 100 岁，现在又是 1990 年，这说明死者的出生年为 1890—1990 年，问题的关键在于找出一个数，使其平方也在这个范围内。现在有

$$43 \times 43=1849, \quad 44 \times 44=1936, \quad 45 \times 45=2025$$

由此可知，死者在 1936 年时 44 岁，他的出生年是 1936−44=1892（年）。

120．分蛋糕

把 4 个蛋糕各切成 5 份，然后把这 20 块分给 20 个人，每人一块。另外 5 个蛋糕切成 4 等份，也分给每人 1 块。于是，每个孩子都得到一个 1/5 和一个 1/4 块，这样，20 个孩子都平均得到了蛋糕。

121．涂色问题

以第一格涂红色为例给出树形图，如图 7 所示。

由此得出，不同的涂色方法共有

$$N=C_3^1 \times 10=30 （种）$$

122．分奖金

在帮丙扫的 6 个街道中，甲扫了 1 条,乙扫了 3 条,丁扫了 2 条。所以,甲分 1/6,即 400 元;乙分 3/6，1200 元,丁分剩下的 2/6，800 元。

123．拨开关

灯编号的方根为整数时,开关在最后是朝下的,其他的朝上。这样 1、4、9、16、25、36、49、64、81、100 号朝下。

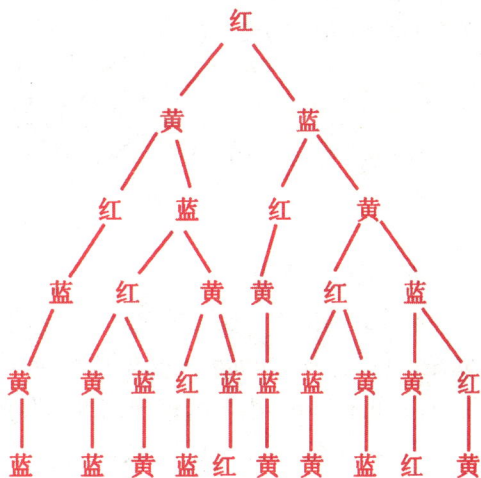

124．一个比四个

一样大。设小圆的半径为 a，4 个小圆面积为 $4\pi a^2$,大圆的面积为 $\pi(2a)^2$,也就是 $4\pi a^2$。

125．兔妈妈分萝卜

3 个宝宝，4 根萝卜。

图 7

126．不变的三位数

原因其实很简单，因为 7、11、13 这三个数的乘积是 1001。如果这个三位数是 *abc*，那么写成 *abcabc* 后，除以 1001，当然还是 *abc* 了。

127．口袋里的钱

甲：15 元；乙：25 元；丙：20 元；丁：30 元。

128．赌注太小

第 6 局结束后，2 人钱数之和是 75 元，之差是 7 元，所以，最后一个有 41 元，一个有 34 元。由于只有 34 能被 2 整除，而李明明第 3 局输了，所以李明明的钱是 34 元。第 2 局结束时，李明明的钱是 $34/2 \times 3 = 51$（元），王丫丫是 $75 - 51 = 24$（元）。24 和 51 都能被 3 整除，所以无法判断谁赢了第 2 局。

假设李明明赢了第 2 局，则第 1 局结束时，李明明的钱是 $51/3 \times 4 = 68$（元），王丫丫是 $75 - 68 = 7$（元）。由于只有 68 能被 4 整除，所以第 1 局也是李明明赢了，最开始李明明的钱是 $68/4 \times 5 = 85$（元），85 大于 75，所以假设错误，第 2 局是王丫丫赢了。

这样第 1 局结束时，王丫丫的钱是 $24/3 \times 4 = 32$ 元，李明明是 $75 - 32 = 43$（元）。由于只有 32 能被 4 整除，所以第 1 局也是王丫丫赢了，则最开始王丫丫的钱是 $32/4 \times 5 = 40$（元），而李明明是 $70 - 40 = 35$（元）。

129．算 24 点

（0！+0！+0！+0！）！=24。因为 0！=1，所以 4！=$4 \times 3 \times 2 \times 1 = 24$。

130．失落的数字

方法如图 8 所示。

从算式的最后一层可看出（有些数字用字母表示），*c*=0。*efg*－*hij* 是三位数，而 *lmnp*－*rst* 是两位数，所以 *lmnp* > *efg*，因此 *rst* > *hij*，这样 *b* > 7。*a* 和 *d* 分别与除数相乘后都得四位数，由此 *a* > *b*，*d* > *b*，这样只可能有 *b*=8，*a*=*d*=9，现在的商是 97809。

因为 *rst* ≤ 999，所以除数不能大于 124。*xy* 不能大于 11，应是 10 或 11，又 *lmnp* ≥ 1000，因此 *rst* > 988，$123 \times 8 = 984$，所以除数一定大于 123。

除数只能是 124，被除数是 $124 \times 97809 = 12128316$，如图 9 所示。

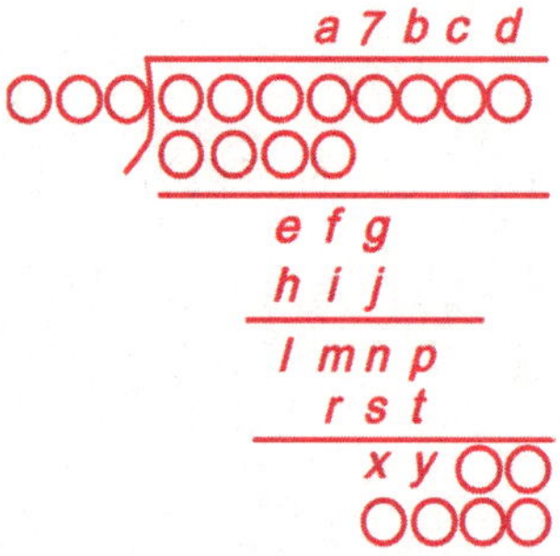

图 8

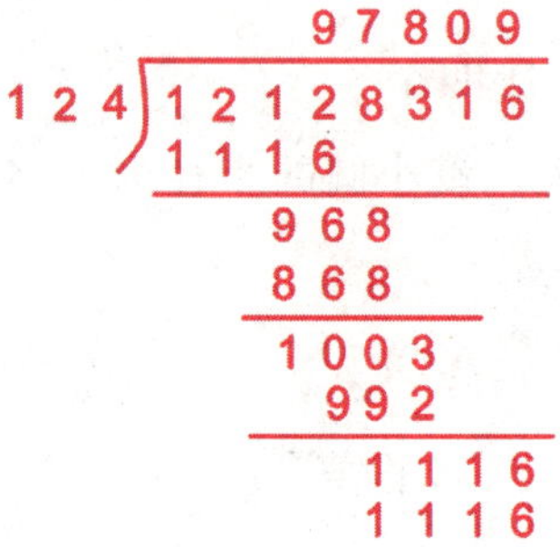

图 9

131．时钟密码

指针的位置作为数字，而不是时间。第一式为 51+123=174，第二式为 911+72=983，那么第三式为 113−16=97。

132．火车开车时间

开车的时间是 7 点 6 分 39 秒。因为 1999 小时 2000 分钟 2001 秒是 2032 小时 53 分 21 秒，除去中间是 12 的倍数的 2028 小时，剩下的时间是 4 小时 53 分 21 秒。那么，开车时间就是 7 点 6 分 39 秒。

133．相差的银子

因为每两个人相差的数量相等，第 1 个与第 10 个、第 2 个与第 9 个、第 3 个与第 8 个、第 4 个与第 7 个、第 5 个与第 6 个，每两个兄弟分到银子的数量的和都是 20 两，而第 8 个兄弟分到 6 两，这样可求出第 3 个兄弟分到银子的数量为 20−6=14（两）。而从第 3 个兄弟到第 8 个兄弟中间有 5 个两人的差，由此便可求出每两人相差的银子为（14−6）/5=1.6（两）。

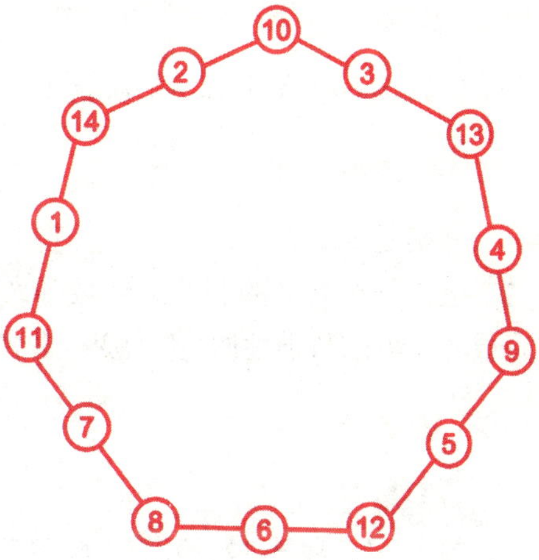

图　10

134．数学天才的难题

方法如图 10 所示。

135．星形幻方

有两种可能，方法如图 11 所示。

136．五角幻方

方法如图 12 所示。

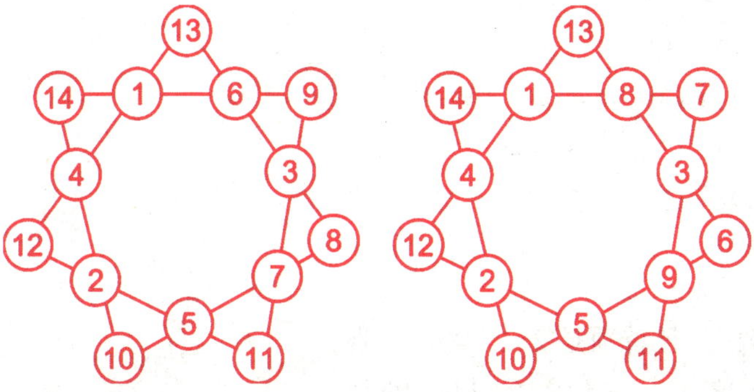

图　11

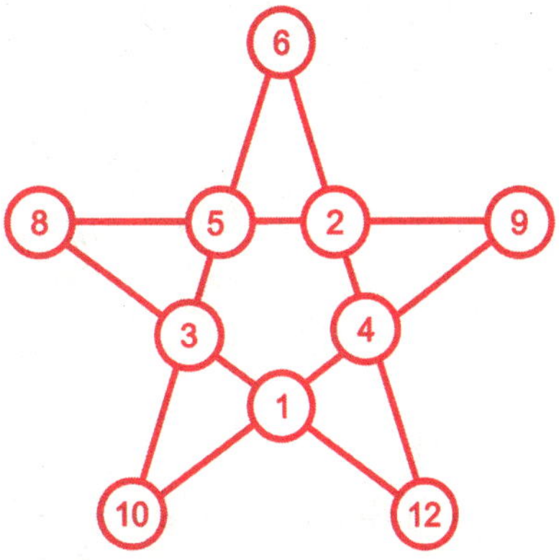

图　12

第四部分 数字规律

137. 相同的项数

已知第一个这样的数为 5，则在第一个数列中公差为 3，第二个数列中公差为 4，也就是说，第二对数减 5 既是 3 的倍数又是 4 的倍数，这样所求结果转换为求以 5 为首项、公差为 12 的等差数的项数，即为 5、17、29、…。由于第一个数列最大为 2+（200−1）×3=599，第二数列最大为 5+（200−1）×4=801，而新数列最大不能超过 599，又因为 5+12×49=593，5+12×50=605，所以共有 50 对。

138. 数字的规律

应该是 64。每个数字依次是 1^3、2^3、3^3、4^3、5^3、6^3。

139. 有名的数列

答案是 34。

这是一个著名的斐波纳契数列，它的规律是每一个数等于前面两个数之和。这个数列有很多有趣的数学性质，所以变得非常有名。

140. 猜字母

答案是 N。

为 1、2、3、4、5、6、7、8、9 的英文 one、two、three、four、five、six、seven、eight、nine 的第一个字母。

141. 字母找规律

答案是 M。

在字母表中，每两个字母间都隔着两个其他字母，所以后面的空格处应该填 M。

142. 排列规律

最后一个数字是 129。

规律是

$$9+3=12$$
$$12+（3×3）=21$$
$$21+（3×3×3）=48$$
$$48+（3×3×3×3）=129$$

143. 找规律

从规律看出：这是一个等差数列，且首项是 2，公差是 3，则

第 1995 项 =2+3×（1995−1）=5984

144．不能被除尽

我们发现：1、2、3、4、5、6、7、…中，从 1 开始每三个数一组，每组前两个数不能被 3 除尽，两个一组，100 个就有 100÷2=50（组），每组三个数，共有 50×3=150，那么第 100 个不能被 3 除尽的数就是 150−1=149。

145．连续的偶数和

28 个偶数分成 14 组，对称的 2 个数是一组，即最小数和最大数是一组，每组的和为：1988÷14=142，最小数与最大数相差 28−1=27 个公差，即相差 2×27=54，这样转化为和差问题，最大数为（142+54）÷2=98。

146．智力测验

这个题测试的是字母顺序，在字母表里或间隔两个字母，或间隔三个字母，所以答案是 V。

147．填字母

答案是 S、S。

这七个字母是星期的英文的第一个字母。

星期一	Monday
星期二	Tuesday
星期三	Wednesday
星期四	Thursday
星期五	Friday
星期六	Saturday
星期天	Sunday

148．缺的是什么字母

答案是 M、J、O、N。

这 12 个字母是月份英文的第一个字母。

一月：January 简写为 Jan. 。

二月：February 简写为 Feb. 。

三月：March 简写为 Mar. 。

四月：April 简写为 Apr. 。

五月：May 简写为 May. 。

六月：June 简写为 Jun. 。

七月：July 简写为 Jul. 。

八月：August 简写为 Aug. 。

九月：September 简写为 Sep. / Sept. 。

十月：October 简写为 Oct. 。

十一月：November 简写为 Nov. 。

十二月：December 简写为 Dec. 。

149. 组成单词

是 goodbye。

150. 写数列

答案是 11，5。

分为奇数项和偶数项，分别有一个规律，即奇数项的规律是 1，3，5，7，…，偶数项的规律是 10，9，8，7，…。

151. 下一个数字

下一个数字是 17，是按从小到大的质数排列。

152. 字母排列

答案是 E。

奇数项和偶数项分别按字母顺序表排列。

153. 代表什么

正六边形代表 6，根据图形的边数得到此规律。

154. 商与余数相等

因为 $34 \times 28+28=35 \times 28=980 < 1000$，所以只有以下几个数：

$$34 \times 29+29=35 \times 29$$
$$34 \times 30+30=35 \times 30$$
$$34 \times 31+31=35 \times 31$$
$$34 \times 32+32=35 \times 32$$
$$34 \times 33+33=35 \times 33$$

以上数的和为 $35 \times (29+30+31+32+33)=5425$。

155. 字母旁的数字

字母旁边的数字是代表这些字母在字母表中的序号，所以答案为 23。

156. 黄色卡片

因为每次若干个数，进行了若干次，所以比较难把握，不妨从整体考虑，之前先退到简单的情况分析：假设有两个数 20 和 30，它们的和除以 17 得到的黄卡片数为 16，如果分开算分别为 3 和 13，再把 3 和 13 求和除以 17 仍得黄卡片数 16，也就是说不管几个数相加，总和除以 17 的余数不变。回到题目 $1+2+3+\cdots+134+135=136 \times 135 \div 2=9180$，$9180 \div 17=540$，135 个数的和除以 17 的余数为 0，而 $19+97=116$，$116 \div 17=6 \cdots\cdots 14$，所以黄卡片的数是 $17-14=3$。

157．排列的规律

先找出规律：每个式子由两个数相加，第一个数是1、2、3、4的循环，第二个数是从1开始的连续奇数。因为1992是偶数，两个加数中第二个一定是奇数，所以第一个必为奇数，所以是1或3。如果是1，那么第二个数为1992−1=1991，1991是第（1991+1）÷2=996（项），而数字1始终是奇数项，两者不符，所以这个算式是3+1989=1992，是（1989+1）÷2=995个算式。

158．数字找规律

答案是15。前一项与后一项之差构成一个等差数列。

159．智力测验

答案是14。2 + 3 = 5，5 + 3 = 8，8 + 3 = 11，11 + 3 = 14，形成等差数列。

160．猜数字

答案是720。相领两个数的商分别为2，3，4，5，6。

161．天才测验

答案是31/185。

分子与分母有不同的规律。

分子的规律是：前一项与后一项的差成等差数列，所以是31。

分母的规律是

$$5=1 \times 5$$
$$20=2 \times 10$$
$$51=3 \times 17$$
$$104=4 \times 26$$

后面的数的差又成等差，所以下一个是 $5 \times 37=185$。

第五部分　看图填数

162．代表的数字

心形代表数字6，笑脸代表数字2。

只需列个方程组即可。设心形为 x，笑脸为 y。则有

$$3x+y=20，\quad x+3y=12$$

解得

$$x=6，\quad y=2$$

163．填数字

这五个数分别为2，78，156，39，4，这样，2×78=156=39×4。

164. 双环填数

问号处为 9。

其规律是把外环中的每个数的个位和十位分别相乘,所得积加上 1,就等于内环中对面的那个数字。

165. 三环填数

方法如图 13 所示。

本题还有别的答案,只要满足要求就算正确。

166. 填数游戏

应该是 8。

上面两个数字的个位与个位相加,十位与十位相加,然后相乘,积为下面的数字。

167. 数字之和

方法如图 14 所示。

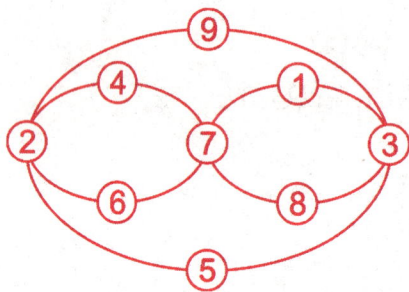

图 13

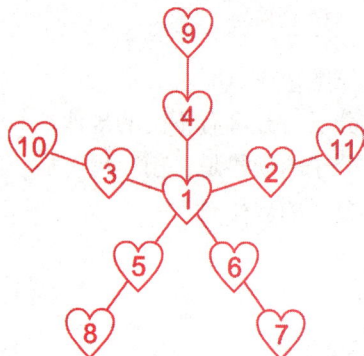

图 14

168. 数字金字塔

方法如图 15 所示。

169. 缺少的数字

答案是 4。

规律是每行加起来的和为 14。

170. 计算数字

(1) 只要不是 0 即可。

(2) 5 或者 0。

171. 等于 10

方法如图 16 所示。

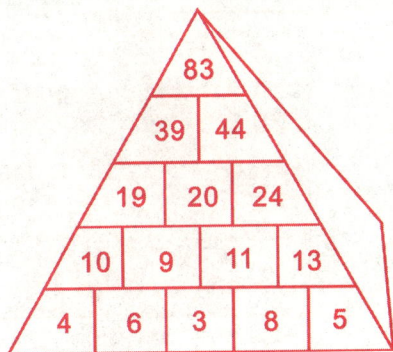

图 15

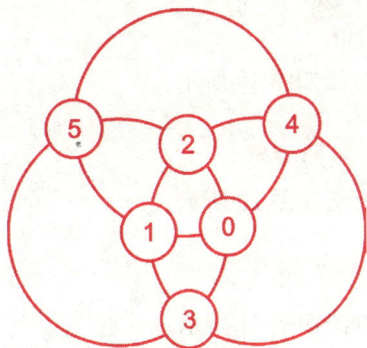

图 16

172．两数之差

方法如图 17 所示。

在 1 ～ 8 这 8 个数中，只有 1 与 8 各只有 1 个相邻数（分别是 2 与 7），其他 6 个数都各有 2 个相邻数。而图中的 C 圆圈，它只与 H 不相连，因此如果 C 填上了 2 ～ 7 中任何一个，那么只有 H 这一个格子可以填进它的相邻数，这显然不可能，于是 C 内只能填 1 （或 8）。同理，F 内只能填 8 （或 1），A 只能填 7 （或 2），H 只能填 2 （或 7），再填其他四个数就方便了。

173．字母问题

两个问号都是 11。

174．等边三角形

方法如图 18 所示。

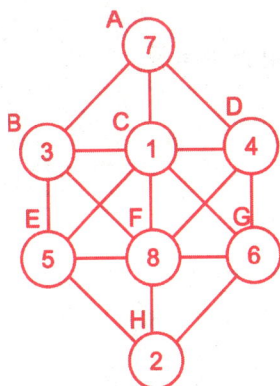

图 17

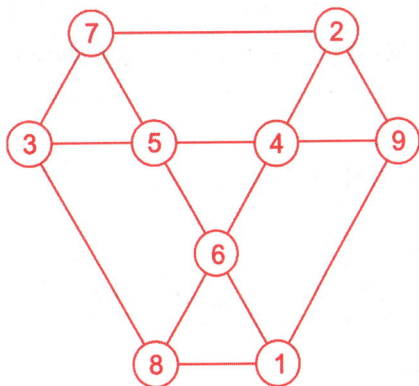

图 18

175．中间数字

中间填 9。首先计算一下 1 ～ 9 这 9 个数字的和为 45，而要使两条线都为 27，需要 27+27=54。45 与 54 之间差 9。也就是说，必须有个 9 是共用的才行。所以中间数字为 9。

113

176．幻方

方法如图 19 所示。

14	10	1	22	18
20	11	7	3	24
21	17	13	9	5
2	23	19	15	6
8	4	25	16	12

图 19

177．菱形方阵

方法如图 20 所示。

178．调换数字

方法如图 21 所示。

179．结果相同

$4 \times 6 \div 2 = 12$

$8 \div 2 \times 3 = 12$

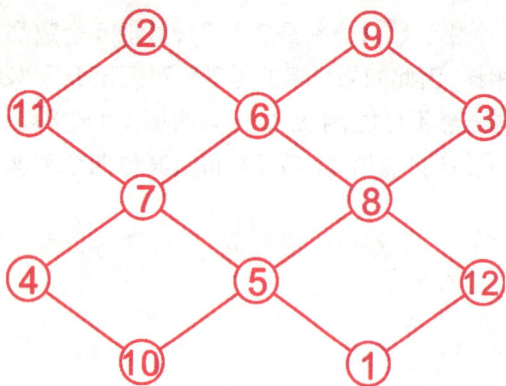

图 20

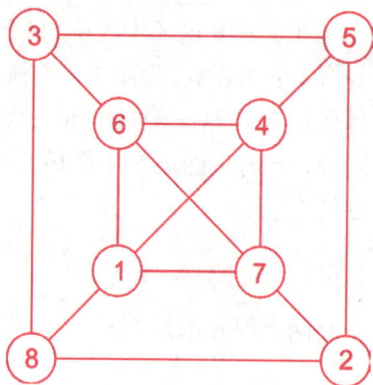

图 21

180．重叠的圆

问号处代表的数字是 4。上面的数字代表的是有几个圆在此处重叠。

181．算式阵

方法如图 22 所示。

182．圆圈数字

方法如图 23 所示。

183．剔除的数字

方法如表 3 所示。

表 3

		15	25	20
	15		20	25
	20	25		15
	25	20	15	

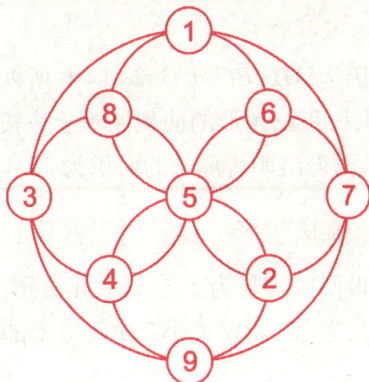

图　22　　　　　　　　　　　　　　　　图　23

184．不等式

方法如图 24 所示。本题答案不止一种,只要符合要求就可以。

185．数字与图形

在 4 个小正方形中,对角线分割开的数字代表图形的边数。所以问号处应填入数字 4。

186．四则运算

方法如图 25 和图 26 所示。

图　24

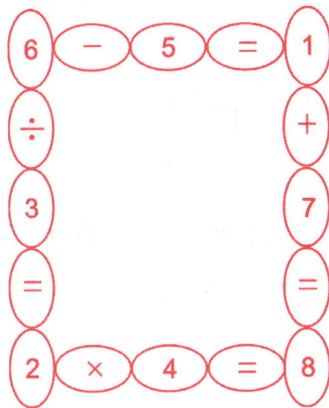

图　25

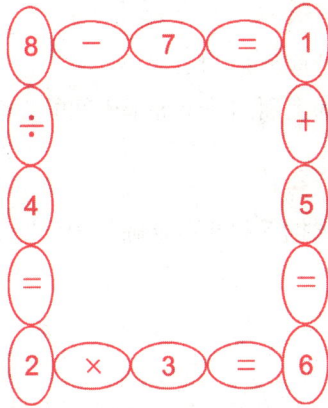

图　26

187．寻找公式

中间的数字等于旁边的 3 个数字的平方和。

188．伞上的数字

应该是数字 4。

规律为外圈上每一个三角形中的两个数字的乘积等于内圈顺时针第 2 格内的数字。

189. 重叠

因为 $AB:BC:CD=2:1:4$，所以可以推出 $BC:AC:BD=1:3:5$。又因为它们的面积差为 48，而正三角形的面积比等于边长比的平方，所以可以求出两个三角形的面积分别为 27、75，从而得出阴影部分的面积为 $75×1/25=3$。

190. 内接图形

设圆的半径为 1，这样大正方形的边长则为 2，小正方形的对角线长为 2，那么小正方形的边长为 $\sqrt{2}$，所以大小 2 个正方形的面积比为 4：2，即 2：1。

191. 找规律

答案为 32 或者 8。如果按顺时针观察，从 1 开始，2 个数的乘积等于第 3 个数，这样是 32。如果看对角，相对的 2 个角的数字间是 4 倍的关系，这样是 8。

192. 太阳光

是 66。从最上面的 4 开始，顺时针观察，每 2 个数之间的差分别是 2，4，8，16，32。

193. 数字规律

问号处是 36。根据乘法口诀，每个数都是它前面一个数的个位乘以它的十位得出的。

194. 九个数字

方法如图 27 所示。

195. 数字关系

问号处应该是 11。

关系为上面的数字等于中间的 2 个数字和减去下面的 2 个数字和。

196. 三数之和

首先根据 5 和 9 可以确认中间圆圈中的数字为 7，这样就可以填上其他数字了，方法如图 28 所示。

① ⑦

×   ④

⑥⑧ + ②⑤ = ⑨③

图　27

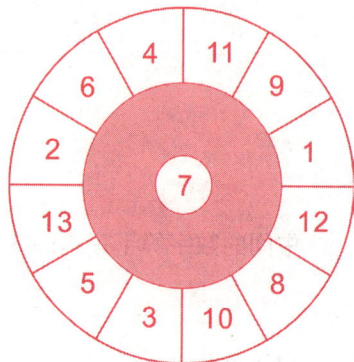

图　28

197．奇怪的关系

应该选 C。

规律为每个田字格中，第 1 个数字和第 4 个数字之和等于另外 2 个数字的平方和。

198．影子

因为三角形 CDE 与三角形 BAE 相似，所以 CD：AB=DE：AE，即 1.8：AB=2：5，AB=4.5 米。

所以这盏灯离地面有 4.5 米。

199．华氏温度

摄氏度＝（华氏度−32）/1.8

所以 104 华氏度相当于 40 摄氏度。

200．房顶的数字

问号处的数字为 18。

规律为房顶的数字等于中间两个数字的和减去下面的数字。

第六部分 猜 数 游 戏

201．抽卡片

其实很显然最后一个是乙选的，那么他想把大的留在后面（比如 24 为最后，结果一定大于 24，是绝对值），所以甲希望大的先出，乙则相反。

B 采取这样的策略：

（1）如果 A 把 $2k-1$（k 不等于 12）置 +（−）号，他就把 $2k$ 置 −（+）号。

（2）如果 A 把 $2k$（k 不等于 12）置 +（−）号，他就把 $2k-1$ 置 −（+）号。

（3）如果 A 把 24 置 +（−）号，他就把 23 置 +（−）号。

（4）如果 A 把 23 置 +（−）号，他就把 24 置 +（−）号。

结果是 36，也就是说至少为 36。

对于 A，如果第一次选 1，后来 A 根据 B 的选择来定，总选择和 B 相差 1 的数，并且符号始终相反，则 A、B 各选了 11 次后，最多是 12，那么即使最后是 24，最多就为 36。也就是说最多为 36。

结果就是 36。

202．猜数字

第 1 个问题是：你想的这个数字是大于 512 吗？

根据对方的回答，每次排除掉一半的数字，不超过 10 次，一定可以确定到底是哪个数字。

203．猜年龄

设小李为 x 岁，老王为 y 岁。

"老王现在的年龄是我过去某一年的年龄的 2 倍"，在这一年，小李为 $y/2$ 岁，老王为 $y-(x-y/2)=3y/2-x$ 岁。

"在过去的那一年，老王的年龄又是将来某一年我的年龄的一半"，在这个时刻，小李为 $3y-2x$ 岁。

"老王过去当她的年龄是我的年龄 3 倍时"，这时老王的年龄是 $(3y-2x)/3=y-2x/3$ 岁，小李的年龄是 $(y-2x/3)/3=y/3-2x/9$ 岁。

因为是同一年，所以有等式：$x-(y/3-2x/9)=y-(y-2x/3)$，化简为 $5x=3y$。因为 $x+y=48$，解得 $x=18$。所以小李现在的年龄是 18 岁。

204．猜单双

因为爸爸一共交给小明 5 根火柴，分两只手拿，那么一定一只手是单数，一只手是双数。而左手火柴数乘以 2，右手火柴数乘以 3。两个奇数相乘结果还是奇数，任何数和偶数相乘都是偶数。左手火柴数乘以 2 后一定是偶数，而右手火柴数乘以 3 后，如果是奇数，那么最后的结果应该是：偶数＋奇数＝奇数；如果是偶数，那么最后的结果应该是：偶数＋偶数＝偶数。

所以根据最后结果的奇偶就可以断定小明右手中拿着的火柴数的奇偶了。

205．猜颜色

因为 5 个人都猜对了一瓶，并且每人猜对的颜色都不同。所以猜对第 1 瓶的只有丙，也就是说第 1 瓶是红色。那么第 5 瓶就不是黄色的，所以第 5 瓶只能是蓝色。戊说的第 2 瓶是黑色的也就不对了。既然第 2 瓶不是黑色的，那就应该如第 1 个人所说，第 3 瓶是黑色的。所以第 2 瓶就不能是蓝色的，只有第 2 瓶是绿色的了。

所以说，第 1 瓶是红色，第 2 瓶是绿色，第 3 瓶是黑色，第 4 瓶是黄色，第 5 瓶是蓝色。

206．手心的名字

是 B 的名字。

很明显，因为 A 说："是 C 的名字。"C 说："不是我的名字。"这 2 个判断是矛盾的。

所以 A 与 C 两人之中必定有一个人是正确的，一个是错误的。

因为如果 A 正确，那么 B 也是正确的，与老师说的"只有一人猜对了"矛盾。

所以 A 必是错误的。

这样，只有 C 是正确的。不是 C 的名字。

因为老师说"只有一人猜对了"，那么说明其他三个判断都是错误的。

我们来看 B 的判断，B 说："不是我的名字。"而 B 的判断又是错的，那么他的相反判断就是正确的，即 B 的名字。

所以老师手上写的是 B 的名字。

207．纸条上的数字

2 人手中纸条上的数字都是 4。2 个自然数的积为 8 或 16 时,这 2 个自然数只能为 1、2、4、8、16。可能的组合为 1×8、1×16、2×4、2×8、4×4。

当皮皮第一次说推不出来时,说明皮皮手中的数字不是 16;如果是 16,他马上可知琪琪手中的数字是 1,因为只有 16×1 才能满足条件,他猜不出来,说明他手中不是 16,他手中的数可能为 1、2、4、8。同理,当琪琪第一次说推不出时,说明她手中的数不是 16,也不是 1;如果是 1,她马上可知皮皮手中的数为 8,因前面已排除了 16,只有 8×1=8 能符合条件了,她手中的数可能为 2、4、8。

皮皮第二次说推不出,说明他手中的数不是 1 或 8。如果是 1,他能推出琪琪手中的数是 8。同理,如果是 8,能推出琪琪手中的数是 2,这样皮皮手中的数只能为 2 或 4。琪琪第二次说推不出时,说明琪琪手中的数只可能为 4,只有为 4 时才不能确定皮皮手中的数。如果是 2,她可推出皮皮的数只能为 4,因只有 2×4=8 符合条件;如果是 8,皮皮手中的数只能为 2,因只有 8×2=16 符合条件。

因此第三轮时,皮皮能推出琪琪手中纸条上的数字是 4。

208．教授有几个孩子

首先,凑不够 2 个 9 人队,孩子总数最多为 17 人。若为 17 人以上,则可以凑成 2 个 9 人队或凑够 2 个 9 人队之后还有剩余。因此可以确定的是叔叔家的孩子最多有 2 个,若有 3 个或者 3 个孩子以上,则其他三家至少分别有 6、5、4 个,总数大于 17 人。

叔叔家孩子有 2 个的情况如表 4 所示。

表　4

主人	弟弟	妹妹	叔叔	对应门牌号
5	4	3	2	120
6	4	3	2	144
7	4	3	2	168
8	4	3	2	192
6	5	3	2	180
7	5	3	2	210
6	5	4	2	240

叔叔家孩子为 1 个时,另外 3 个数相加≤16(17−1=16),且 3 个数各不相同,并且 3 个数中最小数≥2,可以列出这 3 个数相乘的积最大为 4×5×7=140,其次为 3×5×8=4×5×6=120,再次为 3×4×9=108,此时已比上面所列最小积还要小。若答案在小于 108 的范围内,则不需要知道叔叔家的孩子是 1 人还是 2 人了。

所以,在知道 4 个数积及最小数是 1 还是 2 的情况下,如果还不能得出结论,只有门牌号为 120 时才有可能。

因此,确定门牌号为 120 了,当知道叔叔家孩子个数时就能确定 4 个数的情况,只有如下一种情况:主人 5 个孩子,弟弟 4 个孩子,妹妹 3 个孩子,叔叔 2 个孩子。

209．猜帽子上的数字

策略存在，100 个人从 0 ~ 99 编号，每个人把看到的其他 99 个人帽子上的数字加起来，取和的末两位数字，再用自己的编号减去这个数字，就是他要说的数字（如果差是负数，就加上 100）。

证明：假设所有人帽子上数字的和的末两位是 S，编号 n 的人帽子上的数字是 Xn，他看到的其他人帽子上数字和的末两位是 Yn，则有 $Xn=S-Yn$（如果差是负数，就加上 100）。每个人说的数字是 $Zn=n-Yn$（如果差是负数，就加上 100），因为 S 是在 0 ~ 99 之间的一个不变的数字，所以编号 $n=S$ 的那个人说的数字 $Zs=S-Ys=Xs$，也即他说的数字等于他帽子上的数字。

210．猜猜年龄

$$2450=2 \times 5 \times 5 \times 7 \times 7$$

可能的情况是

$$7 \times 5 \times 2, \ 7, \ 5$$
$$7 \times 7 \times 2, \ 5, \ 5$$
$$5 \times 5 \times 2, \ 7, \ 7$$
$$7 \times 2, \ 7 \times 5, \ 5$$
$$7 \times 2, \ 5 \times 5, \ 7$$
$$5 \times 2, \ 7 \times 5, \ 7$$
$$2 \times 5, \ 7 \times 7, \ 5$$

其中和相等的两组是 7，7，$2 \times 5 \times 5=50$；5，$2 \times 5=10$，$7 \times 7=49$。

这两组和都为 64，这是小张说不知道的时候可以推出来的。

当小王说："他们 3 人的年龄都比我们的朋友小李要小。"

小张听后说："那我知道了。"由此可以推出小李的年龄应该是 50 岁。

211．母子的年龄

妈妈比华华大 26 岁，即两人的年龄差为 26 岁，设华华的年龄为 x，则妈妈的年龄是 $26+x$。4 年后，妈妈的年龄是华华的 3 倍，即

$$3 \times (x+4) = (26+x) +4$$

解得

$$x=9$$

所以，华华今年 9 岁，妈妈为 9+26=35 岁。

212．猜一猜她的年龄

设她的年龄为 x 岁，依题意可得

$$1000 \leqslant x^3 < 10000 \qquad ①$$
$$100000 \leqslant x^4 < 1000000 \qquad ②$$

由①得 $\qquad 10 \leqslant x < 10x$

因为 $2.2^3 = 10.684$ 大于 10，$2.1^3 = 9.261$ 小于 10，则 $10 \leqslant x \leqslant 21$。

由②得 $\qquad$ $10x \leqslant x < 10x$

因为 $\qquad$ $1.7^4 = 8.35 < 10$，$1.8^4 = 10.49 > 10$

则 $\qquad$ $18 \leqslant x \leqslant 31$

所以 $\qquad$ $18 \leqslant x \leqslant 21$

因为 20、21 的任何次方个位数总为 0、1，所以 $x = 18$ 或 19，

经检验，$18^3 = 5832$，$18^4 = 104976$，而 19 不符合要求②。所以有

$$x = 18$$

因此，她今年 18 岁。

213．猜明星的年龄

选 B。此题可用排除法。4 人中只有一个人说对，若甲对，则乙、丙、丁都应不对，推知丁的说法也对，与假设矛盾，故 A 项排除；同理乙也不可能对；若丁对，则不能排除甲、乙，因此 D 项可排除；若丙对，则丁有可能不对，如果 B 项成立，则丙的说法一定成立，符合题意。由此可判断 B 为正确答案。

214．五个人的年龄

这三位邻居年龄的乘积是 2450，则

$$x \times y \times z = 2450$$

因为

$$2450 = 2 \times 5 \times 5 \times 7 \times 7$$

所以三位邻居的年龄可以得出以下 7 组数：

10+35+7=52

10+5+49=64

2+25+49=76

14+35+5=54

14+25+7=46

2+35+35=72

50+7+7=64

这中间只有 10、5、49 和 50、7、7 这两组得数一样，这样才符合第二位教师说"还差 1 个条件"，否则一下即可知答案。

所以第二位教师为 64/2=32 岁。

如果第一位教师大于 50 岁，那他补充了条件也猜不出邻居的数，所以他应该正好 50 岁。

所以甲的年龄是 50 岁，乙的年龄是 32 岁，邻居的年龄是 10 岁、5 岁、49 岁。

215．奇妙的数列

规律其实很简单，就是将前面两个数字的各位数字拆开并加起来。例如最左边的两个数字分别是 99 和 72，就把它们都拆开，变成 9、9、7、2，然后相加，也就是 9+9+7+2=27，即

为下面圆圈中的数字。后面的所有数字都符合这个规律。你猜出来了吗？

216．纸片游戏

第一次，S 说不知道，说明 P 肯定不是 1；P 也说不知道，说明 S 不是 2。为什么？因为如果 P 是 1，S 马上就知道自己是 2 了。他说不知道，P 就知道自己肯定不是 1，如果这个时候 S 是 2，P 就能肯定自己应该是 3 了，所以 S 不是 2。

第二次，S 说不知道，说明 P 不是 3，因为前一次 S 说不知道，P 知道自己肯定不是 2，如果 S 是 3，P 马上就知道自己是 4 了，所以 S 不是 3，而 P 又说不知道，说明 S 不是 4，因为 S 从 P 说不知道得知自己不是 3，如果 S 是 4，P 马上就能知道自己应该是 5 了，所以 S 也不是 4。

第三次，S 又说不知道，说明 P 不是 5，因为第二次最后 P 说不知道，S 就知道自己不是 4 了，如果 P 是 5，S 马上知道自己是 6。同样，S 不是 6，因为 P 从 S 说不知道得知自己不是 5，如果 S 是 6，P 就马上知道自己应该是 7 了，所以 P 还是不知道。最后，S 说他知道了！因为他从 P 不知道中得知自己不是 6，而他看到 P 头上的号码是 7，他就知道自己是 8 了。而 P 听到 S 说知道了，就判断出 S 是 8 了，所以 P 马上知道自己是 7 了。

217．奇怪的样子

这是把 1～9 这 9 个数字放在一个"井"字形的框中，按自左向右、自上向下的顺序放置数字，所以 6 的边框应该是如图 29 所示的形状。

图　29

218．各是什么数字

每个人都知道自己的数或为另外 2 人之和，或为 2 人之差。

第一轮 A 回答不知道，可以得出什么结论呢？

来个逆向思维，考虑什么情况下 A 可以知道自己头上的数，只有一种可能，那就是 B=C。因为此时 B−C=0，这时 A 知道自己头上的数一定为 B+C。

所以从 A 回答不知道可以推论出 B ≠ C。

B 回答不知道，说明了什么呢？

还是逆向思维，考虑什么情况下 B 可以知道自己头上的数。和 A 一样，当 A=C 时，B 可以知道。

但除此之外，B 从 A 回答不知道还可以推论出自己头上的数字与 C 头上的不相等，于是当 A=2C 时，B 也可以推论出自己头上的数字为 A+C，因为此时 A−C=C，而 B 是知道自己头上的数字与 C 不相等的。

所以从 B 回答不知道可以推论出 A ≠ C，A ≠ 2C。

C 回答不知道，由上面类似的分析可以推论出 A ≠ B，B ≠ 2A，

此外还可以推出 B−A ≠ A/2，即 B ≠ 3A/2，A ≠ 2B。

最后 A 回答自己头上的数字是 20。

那么什么情况下 A 可以知道自己头上的数字呢？有以下几种情况：

（1）C=2B，此时 A 知道自己头上的数字不可能是 C−B=B，而只能是 C+B=3B。但 20

不能被 3 整除,所以排除了这种情况。

(2) B=2C 与上面类似,被排除。

(3) C=3B/2,此时 A 知道自己头上的数字不可能是 C−B=B/2,因而只能是 A=B+C=5B/2=20,B=8,而 C=3B/2=12。

(4) C=5B/3,此时 A 知道自己头上的数字不可能是 C−B=2B/3。只可能是 8B/3,但求出 B 不是整数,所以排除。

(5) C=3B,此时 A 知道自己头上的数字不可能是 C−B=2B,只可能是 4B,推出 B=5,C=15。

(6) B=3C,此时 A 知道自己头上的数字不可能是 B−C=2C,只可能是 B+C=4C,推出 B=15,C=5。

所以答案有 3 个,B=8、C=12;B=5、C=15 和 B=15、C=5。

219. 教师的生日

由 10 组数据 3 月 4 日、3 月 5 日、3 月 8 日、6 月 4 日、6 月 7 日、9 月 1 日、9 月 5 日、12 月 1 日、12 月 2 日、12 月 8 日可知——4 日、8 日、5 日、1 日分别有两组,2 日和 7 日只有一组。如果生日是 6 月 7 日或 12 月 2 日,小强一定知道(如教师告诉小强 $N=7$,则小强就知道生日一定为 6 月 7 日;如果教师告诉小强 $N = 4$,则生日是 3 月 4 日还是 6 月 4 日,小强就无法确定了)。所以首先排除了 6 月 7 日和 12 月 2 日。

(1) 小明说:“如果我不知道,小强肯定也不知道。”——教师告诉小明的是月份 M 值,若 $M=6$ 或 12,则小强有可能知道(6 月 7 日或 12 月 2 日)这与“小强肯定也不知道”相矛盾,所以不可能为 6 月和 12 月。从而教师的生日只可能是 3 月 4 日、3 月 5 日、3 月 8 日、9 月 1 日、9 月 5 日。

(2) 小强说:“本来我也不知道,但是现在我知道了。”——若教师告诉小强 $N=5$,那么小强无法知道是 3 月 5 日还是 9 月 5 日,这与“现在我知道了”相矛盾,所以 N 不等于 5。则生日只能为 3 月 4 日、3 月 8 日、9 月 1 日。

(3) 小明说:“哦,那我也知道了!”——若教师告诉小明 $M=3$,则小明就不知道是 3 月 4 日还是 3 月 8 日,这与“那我也知道了”相矛盾。所以 M 不等于 3,即生日不是 3 月 4 日、3 月 8 日。

综上所述,教师的生日只能是 9 月 1 日。

220. 找零件

对于徒弟小王来说,在什么条件下才会说“我不知道是哪个零件”? 显然,这个零件不可能是 12∶30、14∶40、18∶40,因为这三种长度的零件都只有 1 个。如果长度是 12、14、18,那么知道长度的徒弟小王就会立刻说自己知道。

同样的道理,对于徒弟小李来说,在什么条件下才会说“我也不知道是哪个”? 显然,这个零件不可能是 8∶10、8∶20、10∶25、10∶35、16∶45,因为这五种直径的零件也是各有 1 个。

这样,我们可以从 11 个零件中排除 8 个,剩下以下 3 种可能性:10∶30、16∶30、16∶40。

下面,可以根据徒弟小王所说的"现在我知道了"这句话来推理。如果这个零件是16∶30 或 16∶40,那么仅仅知道长度的徒弟小王是不能断定是哪个零件的,然而,徒弟小王却知道了是哪个,所以,这个零件一定是 10∶30。

221．猜字母

仔细看一看甲先生所问的六个词,可以发现,carthorse 与 orchestra 所含的字母完全相同,只是字母的位置不同而已。乙先生,心中所想的字母在这两个词中,如果有则全都有,无则全无,可是乙先生的回答是:一个说有,一个说无,显然其中有一句是假话。

同理,senatorial 与 realisaton 所含字母也相同,而乙先生的回答也是一有一无,可见其中又有一句是假话,这些便是甲先生确定乙先生的回答中有假话的依据。

从上面分析可见,乙先生的 4 句回答中已知有两句是真话,两句是假话。根据题意,乙先生共答了 3 句真话和 3 句假话,所以乙先生的另外两句回答必定是 1 真 1 假。

indeterminables 与 disestablishmentarianlsm,剩下的这最后两个词,尽管后者的字母比前者多很多,但这两个词中,除了后者比前者多了一个 H 字母外,其余的字母都是相同的或重复的。而乙先生说他心中所想的字母在这两个词中都有,如果前一句是真话,即前一个词中确有那个字母,那么,后一个词中无疑也应该有该字母。这样,两句话都成了真话,与题意不符。

所以,乙先生的前面一句应是假话,后面一句是真话,即前一个词中是不存在乙先生心中所想的那个字母的,后一个词中则有这个字母。由此可见,它必定是后一个词中所独有的字母 H。

222．聪明程度

这个游戏的独特之处在于你必须考虑其他参与者是怎么想的。

首先,你假定人们都是随机地选择一个数字寄回,这样平均值应该是 50,那么最佳答案应该是 50 的 2/3,也就是 33。

但你应该想到,别人也会像你一样,想到 33 这个答案。如果每个人都选择了 33,那么实际的平均值应该是 33 而不是 50,这样最佳答案应该修改成 33 的 2/3,也就是 22。

那么别人会不会也想到这一层?如果大家都写 22 呢?那么最佳答案就应该是 15。

可是如果大家都想到了 15 这一层呢?

……

这样一步步地分析下去,如果所有人都是绝对聪明而理性的,那么所有人都会做类似的分析,最后最佳答案必然越来越小,以至于变成 0。鉴于 0 的 2/3 还是 0,所以 0 必然是最终的正确答案。

但问题是,如果有些人没有这么聪明呢?如果有些人就是随便写了个数呢?刊登广告的其实是芝加哥大学的理查德·泰勒。他收到的答案中的确有些人选择了 0,但平均值是18.9,获胜者选择的数字是 13。这个实验就是要说明,很多人不是那么聪明,也不是那么理性的。

223．求数字

2520 显然可以被 5 和 10 整除。但因为每个数都只有一位,所以得排除 10。于是其中有一个数必须是 5。

把已知数相加 (8+1+5) 得 14。因为 30−14=16,所以剩下的两数之和为 16。

把已知数相乘 (8×1×5) 得 40,而 2520÷40=63,所以剩下的两数之积为 63。

而两数相加得 16,相乘是 63 的数只有 7 和 9。所以答案是 5、7 和 9。

224．猜一猜小张的生日

小张是 1973 年出生的。注意：先估计大约年份为 1970 年,再根据数字和年份差相等的特征推算出结果。

225．有趣的组合

18。自己可以计算试试。

226．猜出你拿走的数字

简单地说结论就是：任意一个多位数,正着写和倒着写的差值结果中各个数位数字相加一定是 9 的倍数。

根据这个结论就可以确定拿走的数字是什么了。

当你拿走一个数字,报出其余数字之和时（仍然以前面说过的 16 举例）,我会这样想：9 的所有倍数中大于 16 的而又最接近 16 的是多少？当然是 18……那你拿走的数字就一定是 18−16=2。

227．教师的儿子

三个儿子的年龄加起来等于 13,有以下几种可能（见表 5）。

表　5

儿子一	儿子二	儿子三	年龄的积
1	1	11	11
1	2	10	20
1	3	9	27
1	4	8	32
1	5	7	35
1	6	6	36
2	2	9	36
2	3	8	48
2	4	7	56
2	5	6	60
3	3	7	63
3	4	6	72
3	5	5	75
4	4	5	80

有一个学生已知道教师的年龄,但仍不能确定教师三个儿子的年龄,所以教师只能是36岁。

三个儿子的年龄分别为1、6、6或2、2、9。又因为教师说只有一个儿子在托儿所,所以只能是1、6、6了。如果是2、2、9,会有两个儿子在托儿所。

228．三个班级

首先确定哪个数字不表示学生的年龄。1～13这13个数字之和是91,而3个班级所有学生的年龄之和是84,因此,不表示学生年龄的数字是7。

班级A的4个学生的年龄只能是以下两种情况之一:

12、6、10、13或者12、8、10、11(12必须包括其中)。

班级C的4个学生的年龄只能是以下4种情况之一:

4、1、3、13或者4、1、6、10或者4、2、6、9或者4、3、6、8(4必须包括在其中)。

这样,班级A学生的年龄不可能是12、6、10、13。否则,班级C学生年龄的4种可能情况没有一种能够成立。因此,班级A学生的年龄必定是12、8、10、11。

这样,班级C学生的年龄只能是4、1、3、13或者4、2、6、9。

如果班级C学生的年龄为4、1、3、13,那么,班级B学生的年龄为2、5、6、7,其和与已知条件不符,所以,班级C学生的年龄必定是4、2、6、9,而班级B学生的年龄必定是5、1、3、13,因此小明是班级B的学生。

229．神奇数表

这是因为表是把1～31的数,变成以2^n形式表示的数,例如$11=2^0+2^1+2^3=1+2+8$。将一个数由十进制改成二进制,对含有2^0(=1)的项放在A表,含有2^1(=2)的项放在B表,同理,含有2^2(=4)的项放在C表,含有2^3(=8)的项放在D表,含有2^4(=16)的项放在E表,这样就制作出此表。也就是说A表代表1,B表代表2,C表代表4,D表代表8,E表代表16。

如果你想的数在A、C、E中都有,只要把A、C、E代表的数字1、4、16相加即可,也就是21。

230．苏州街

很明显,想从陈一婧回答龚宇华提的前三个问题去寻找答案是毫无用处的。起始点应该是龚宇华说的"如果我知道第二位数是否是1,我就能讲出你那所房子的号码"那句话。

分析一下龚宇华是怎么想的会对题目的解答很有用,尽管他的数字和结论是错误的。龚宇华的想法是他认为他已将可供挑选的号码数减少到了2个,其中1个号码的第二位数是1。

如果龚宇华认为这个号码是个平方数而不是个立方数,那么供挑选的号码就太多了(4～22各数的平方数都为13～500;而23～36各数的平方数为500～1300)。看来他一定认为这是个立方数。

有关的立方数是27、64、125、216、343、512、729、1000(它们分别是3、4、5、6、7、8、9、10的立方);其中64和729也是平方数(分别为8和27的平方)。

如果龚宇华认为这个号码是小于 500 的平方数和立方数，那么他便没有其他可选择的号码——只有 64。如果他认为这个号码是 500 以上的平方数和立方数，那一定是 729。如果他认为这个号码不是平方数而是 500 以下的立方数，那么就有四种可能性（27、125、216、343）；但如果他认为这个号码不是平方数而是 500 以上的立方数，那么只有两种可能性：512 和 1000。前一个号码的第二位数是 1，这个号码就是龚宇华所想到的。

但从某些方面来看他想得并不对。他认为这个号码不在 500 以内，而陈一婧在答复这一点时骗了他，所以它是在 500 以内。龚宇华认为这个号码不是个平方数；关于这一点，陈一婧又没有向他讲真话，所以它是个平方数。龚宇华认为这是个立方数；关于这一点陈一婧向他讲了真话，所以它是个立方数。所以陈一婧的门牌号是个 500 以下的平方数，也是个立方数（不小于 13），所以它只能是 64。

231．贴纸条猜数字

答案是 36 和 108。

首先说出此数的人应该是两数之和的人，因为另外两个加数的人所获得的信息应该是均等的，在同等条件下，若一个推不出，另一个也应该推不出（当然，这里只是说这种可能性比较大，因为毕竟还有个回答的先后次序，在一定程度上存在信息不平衡）。

另外，只有在第 3 个人看到另外两个人的数一样时，才可以立刻说出自己的数。

以上两点是根据题意可以推出的已知条件。

如果只问了一轮，第三个人就说出 144，那么根据推理，可以很容易得出另外两个人说的是 48 和 96。怎样才能让教师问了两轮才得出答案，这就需要进一步考虑。

A：36（36/152）　　　B：108（108/180）　　　C：144（144/72）

括号内是该同学看到另外两个数后猜测自己头上可能出现的数。现推理如下：

A、B 先说不知道，理所当然，C 在说不知道的情况下，可以假设如果自己是 72，B 在已知 36 和 72 的条件下，会这样推理——"我的数应该是 36 或 108，但如果是 36，C 应该可以立刻说出自己的数，而 C 并没说，所以应该是 108！"然而，在下一轮，B 还是不知道，所以，C 可以判断出自己的假设是错的，自己的数只能是 144。

第七部分　数　字　应　用

232．牌色概率

甲抽到红桃而乙看正确的概率是：$30\% \times 80\% = 24\%$。

甲抽到红桃而乙看错了的概率是：$30\% \times 20\% = 6\%$。

甲抽到黑桃而乙看正确的概率是：$70\% \times 80\% = 56\%$。

甲抽到黑桃而乙看错了的概率是：$70\% \times 20\% = 14\%$。

其中"甲抽到红桃而乙看错了"和"甲抽到黑桃而乙看正确"这两种会导致题中的乙认为甲抽到黑桃。所以根据条件概率的公式，甲抽到的确实是黑桃的概率 = 甲抽到黑桃且乙看正确的概率 / 乙认为甲抽到黑桃的概率 $= 56\% / (6\% + 56\%) = 90.3\%$。

233．转硬币

答案是 2 周。

大家可以亲身实践一下,再想想为什么。

234．倒卖自行车

这个问题没有准确的答案,除非知道商人买这辆自行车时用了多少钱。

分析一下整个交易的过程,我们就会发现:到最后,商人失去了一辆自行车,得到了55 元。

假如这辆自行车值 40 元,那么这个商人就赚了 15 元;假如这辆自行车值 50 元,那么这个商人就赚了 5 元;假如这辆自行车值 45 元,那么这个商人就赚了 10 元。

题目中之所以得到三种不同的结论,也是因为他们各自把自行车的初始价格分别定为了 40 元、50 元、45 元。

也就是说在不知道自行车的确切价值的时候是不能确定答案的。而在问题中之所以会出现三个答案,是因为在第一种情况下,是按照自行车的原始价格为 40 元计算的;在第二种情况下,是按照自行车的原始价格为 50 元计算的;在第三种情况下,是按照自行车的原始价格为 45 元计算的,所以结果才会不一样。

235．枪支弹药

这是个集合问题。

既有枪又有弹药的情况为：$140+160-(200-20)=120$。

只有枪的情况为：$140-120=20$。

只有弹药的情况为：$160-120=40$。

236．七珠项链

有三种不同的项链。不同的项链可以由两颗绿色珠子之间的红色珠子的数目来表示：0 个、1 个或 2 个（3 个和 2 个是一样的）。

237．乘车

因为 1 路车过后 1 分钟,2 路车就会到达,而 2 路车过后要 9 分钟,1 路车才能来。如果小明的妈妈在 1 路车刚走的时间到达车站,她会坐 2 路车,这会有 1 分钟的时间;如果在 2 路车刚走的时间到达车站,她会坐 1 路车,这会有 9 分钟的时间。所以她坐 1 路车和 2 路车的概率比为 9∶1,所以坐 1 路车要比 2 路车多得多。

238．巧抓乒乓球

先拿 4 个,之后他拿 n 个,你就拿 $6-n$ 个,每一轮都是这样,保证你能得到第 100 个乒乓球（$1 \leqslant n \leqslant 5$）。

策略如下：

(1) 我们不妨逆向推理,如果只剩 6 个乒乓球,让对方先拿球,你一定能拿到第 6 个乒乓球。

理由是：

如果他拿 1 个,你拿 5 个。

如果他拿 2 个,你拿 4 个。

如果他拿 3 个,你拿 3 个。

如果他拿 4 个,你拿 2 个。

如果他拿 5 个,你拿 1 个。

（2）我们再把 100 个乒乓球从后向前按组分开, 6 个乒乓球一组。100 不能被 6 整除,这样就分成 17 组。第 1 组 4 个, 后 16 组每组 6 个。

（3）自己先把第 1 组 4 个拿完,后 16 组每组都让对方先拿球,自己拿完剩下的。这样你就能拿到第 16 组的最后一个,即第 100 个乒乓球。

239．滚动的硬币

硬币要滚过两个周长（在每个固定的硬币上滚 1/3 圈）,所以共转了 4 圈,最后箭头仍然向上。

240．不可能的赏赐

8×8 一共有 64 个格,总数相当于 $2^{64} - 1 = 18446744073709551615$。

241．保险柜

最大的尝试次数可以这样计算：$9+8+7+6+5+4+3+2+1=45$（次）。

242．多学科竞赛

考虑 3 人得的总分,有方程

$$M（X+Y+Z）=22+9+9=40$$

又因为

$$X+Y+Z \geqslant 1+2+3=6$$

所以 $6M \leqslant M（X+Y+Z）=40$,从而 $M \leqslant 6$。

由题设可知,至少有数学科目和英语科目两个科目,从而 $M \geqslant 2$。

另外, M 可以被 40 整除,所以 M 可取 2、4、5。

考虑 $M=2$ 的情况,则只有英语科目和数学科目,而乙的数学科目为第一,但总分仅为 9 分,故必有 $9 \geqslant X+Z$, $X \leqslant 8$,这样甲不可能得 22 分。

若 $M=4$,由乙可知：$9 \geqslant X+3Z$,又有 $Z \geqslant 1$,所以 $X \leqslant 6$。若 $X \leqslant 5$,那么四项最多得 20 分,甲就不可能得 22 分,故 $X=6$。

因为 $4（X+Y+Z）=40$,所以 $Y+Z=4$。

故有：$Y=3$, $Z=1$,甲最多得三个第一,一个第二,一共得分为 $3 \times 6+3=21 < 22$,与题意矛盾。

若 $M=5$,这时由 $5（X+Y+Z）=40$,得

$$X+Y+Z=8$$

若 $Z \geqslant 2$,则 $X+Y+Z \geqslant 4+3+2=9$

与题意矛盾,故 $Z=1$。

又有 X 必须大于或等于 5,否则,甲 5 次最高只能得 20 分,与题意矛盾,所以 $X \geqslant 5$。

若 $X \geqslant 6$,则 $Y+Z \leqslant 2$,这也与题意矛盾,所以 $X=5$,$Y+Z=3$,即 $Y=2$,$Z=1$。

甲 $=22=4 \times 5+2$,故甲得了 4 个第一,1 个第二。

乙 $=9=5+4 \times 1$,故乙得了 1 个第一,4 个第三。

丙 $=9=4 \times 2+1$,故丙得了 4 个第二,1 个第三。

而在数学科目中,乙得了第一,得第三的一定是丙,因为甲没得过第三名,也就是说甲的那个第二名是数学科目。

所以英语科目中得了第二名的一定是丙了。

243．销售收入

该人做公务员时的工资为 5346 元。

解题过程:做销售员 10 个月后,一共得到 63810 元。因此,可以把每个月得到的工资看成一个等差数列,公差是 230,首项是 (5000+a),n 个星期得到的 63810 元就是总和。从而得到:$n \times (5000+a) + 230n \times (n-1) / 2 = 63810$。

这个方程里面有两个未知数,并且都有如下限制:n 和 a 都必须是自然数,a 还不可以大于 1000,由此可以得出 $a=346$。

244．服装店老板的困惑

他赔了 60 元。

设两件衣服分别为甲、乙,买甲花了 A 元,买乙花了 B 元,那么,有 $A \times (1+50\%) = 90$,$B \times (1-50\%) = 90$。由此解得:$A=60$,$B=180$,$A+B=240$,因此赔了 60 元。

245．猜字母

答案是 M。由图可知,按照字母表的顺序,从字母 A 开始,按顺时针方向,每两个字母之间均间隔了三个字母。

246．四瓶啤酒

将 1 只瓶子的瓶口朝下,让 4 只瓶子的瓶口形成一个正四面体。

要解决这道题,关键要由平面想到立体,由一般的顺着放想到倒着放。

247．矩形和球

当一个球滚动一周时,它平移的距离等于它的周长。长方形的周长等于圆周长的 12 倍,意味着外面的球沿长方形的边滚了 12 圈。而在每一个角上它还要滚上 1/4 圈。所以它总共滚了 13 圈。

而里面的球滚过的距离等于周长的 12 倍减去其半径的 8 倍。半径等于周长除以 2π,所以它滚过的圈数为 $12-(4/\pi)$,约为 10.7 圈。

248．指针的角度

从几点开始计算,角度都是一样的。我们为了简便,从 0 点开始。这样分针转到 3 的位置,转了 90°。时针转了 7 个格加上 3/12 个格。每个格为 30°,一共是 217.5°。

249. 工厂车间

不会，还是甲原料先到。因为 1 号皮带和 2 号皮带的速度之比为 10∶9。当甲向前走了 110 米时，乙走了 100 米，两原料需要的时间之比为 (11/10)∶(10/9)＝99∶100，所以还是甲原料先到。

250. 操纵汇率

不可能制定这样的汇率机制。假设这时候有一个人拿了 1 元 A 国币，在 A 国换 5 元 B 国币；再到 B 国换 25 元 A 国币；再到 A 国换 125 元 B 国币……他只需要这么换来换去就会把两个国家都换穷的。

251. 饮料促销

答案为 18 瓶。

先买 18 瓶，喝完之后，用 18 个空瓶子可以换 6 瓶饮料，这样就有 18+6=24（个）人喝到饮料了。然后，再用 6 个空瓶子换 2 瓶饮料，喝到饮料的人有 24+2=26（个）。向小店借 1 个空瓶子，加上剩下的 2 个空瓶子，换 1 瓶饮料给第 27 个人，喝完后，再把最后 1 个瓶子还给小店。

252. 父亲节的玫瑰花

因为大女儿送的花束中，黄色的花比其余 3 种颜色的花加起来还要多，所以黄色只能为 5 朵，其他颜色各为 1 朵，老大的花束已经确定。又因为每种颜色的花的数量总和一样，也就是说每种颜色的花都是 10 朵。大女儿送的黄花已经有 5 朵了，其他人只能分别为 1、1、1、2。

因为二女儿送的花束中，粉色的花比其余任何一种颜色的花都少，那么粉色的花只能有 1 朵（如果有 2 朵，总数就会超出 8 朵）。剩下的 7 朵只能是 2、2、3（其中黄花 2 朵，且可以确定三女儿、四女儿、五女儿送的黄花各为 1 朵）。

因为三女儿送的花束中，黄花和白花之和与粉色花和红色花之和相等，所以黄＋白＝粉＋红＝4。白花 3 朵。四女儿送的花束中，白色花是红色花的两倍。假如四女儿的红花为 2 朵，则白花为 4 朵，那么粉花只能为 1 朵。则三女儿和小女儿的粉花之和为 7，即至少有一个是 4 或以上，但这样会使她们都超过 8 朵，与题意矛盾，所以四女儿的红花只能是 1 朵，白花为 2 朵，粉花为 4 朵。这样就可以得到答案了。

女儿们所送的花束中，各色花朵的数量如表 6 所示。

表 6

女 儿	颜 色			
	黄	粉	白	红
大女儿	5	1	1	1
二女儿	2	1	3	2
三女儿	1	1	3	3
四女儿	1	4	2	1
小女儿	1	3	1	3

253．分苹果

在帮丙必须打扫的 3 天中,甲打扫了 2 天,即 2/3;乙打扫了 1 天,即 1/3。因此,甲家得 6 斤苹果,乙家得 3 斤苹果。

254．人名的加法

$$526485+197485=723970$$

$G=1$,$O=2$,$B=3$,$A=4$,$D=5$,$N=6$,$R=7$,$L=8$,$E=9$,$T=0$

步骤如下:

首先由 $D=5$,得到 $T=0$。

因为 $2L+1=R$,

所以 R 是奇数。

因为 $D=5$,$D+G=R$,

所以 $R=7$ 或 $R=9$。

因为 $O+E=0$,

所以 $E=0$ 或 $E=9$。

因为 $T=0$,

所以 $E=9$,$R=7$,$G=1$。

因为 $2L+1=R$,

所以 $L=3$ 或 $L=8$。

因为 $E=9$,$2A+1=E$,

所以 $L=8$,$A=4$。

剩下 N、B、O 还未确定,即 2、3、6 未知。

由 $N+7=B$ 或 $N+7=B+10$ 可知,$B=3$,$N=6$,$O=2$。

255．正面与反面

将这 23 枚硬币分为两堆,一堆为 10 个,另一堆为 13 个,然后将 10 个的那一堆所有的硬币都翻过来就可以了。其实就是取了个补数。

256．猎人的挂钟

猎人两次经过电信局的时间分别是 9：00 和 10：00,说明他采购的时间是 1 个小时。而他全程的时间是从 6：35—10：35,一共 4 个小时,也就是说他从家走到电信局用了 $(4-1)/2=1.5$ 小时。到达电信局的准确时间是 9：00,所以出发的时候应该是 7：30,到家的时间应该是 11：30。

257．接领导

司机比预计时间提前了 20 分钟到会场,也就是说他从遇到出租车到火车站这段路程来回需要 20 分钟,所以从相遇位置时算起,司机距离火车站的距离需要开车 10 分钟。也就是说,按照预计的时间,再过 10 分钟火车应该到站,但是此时上一趟火车已经到站 30 分钟了,也就是出租车走这段路所需要的时间,所以领导坐的车比预计的车早到了 40 分钟。

258．填空格

这张图里的三种图案排列，是从右上角开始的由外到里形成一个逆时针旋涡状"猫—鱼—瓶"循环，所以问号处应该是"瓶"。

259．卖金鱼

每种 140 只。可以很容易地求出：如果每个黄尾金鱼 2 元，每只红尾金鱼 5 元，放在一起，每只应该是 3.5 元。但如果 20 元 7 只金鱼，那么每只 20/7 元，每只金鱼损失了 $3.5-20/7=9/14$ 元。现在损失了 180 元，所以一共有 $180÷9/14=280$ 只，每种 140 只。

260．冰棍的价格

答案是 1 元，女友没有钱。

可以列方程解答：设冰棍为 x 元，阿聪有 $x-0.01$ 元，女友有 $x-1$ 元。$x-1+x-0.01<x$ 且 $x-1≥0$，$x-0.01≥0$。

解得 $1≤x<1.01$，所以只有 $x=1$。

261．立方体网格

只有第 3、5、7 个图形可以组成立方体。

262．分田地

我们经过计算可以知道：$30^2+40^2=900+1600=2500=50^2$，由此可见最大一块地的面积正好是其他两块地面积的和。所以，最简单的方法是：将最大的一块地给一户农民，另外两块给另一户。

263．好心人与乞丐

倒着推就很容易能够算出来了，他原来口袋里一共有 42 元钱。

264．新款服装

服装店现在的售价比原价低了。因为如果原价为 100%，涨价到了 110%，降价是按涨价后的 110% 降的价，降价后的价格为 $110%×90%=99%$。

265．鸡的重量

大的 16 斤，小的 4 斤。

266．水与水蒸气

假设有 1 升水，体积增加了 10 倍，就变成了 11 升，所以这些水蒸气再变回水，会变成 11 升的 1/11。

267．连续自然数

首先，我们知道这四个自然数里不可能有 10，因为如果有 10，结果的最后一位应该是 0；其次，这四个自然数都不能比 10 大，因为那样最小的结果也要比 $10×10×10×10=10000$ 大；

最后,这四个数不能有 5,因为如果有 5,那么乘以紧挨着 5 的那个自然数,结果最后一位肯定是 0。综上所述,这四个自然数只可能是 1、2、3、4 或者 6、7、8、9。经过检验,发现 $1×2×3×4=24$,而 $6×7×8×9$ 恰好等于 3024,所以这四个连续的自然数为 6、7、8、9。

268. 花色组合

因为一共有三种花色,所以有如下情况。

四张牌同一种花色的数量:$C(3,1)=3$ 种。

两张牌一种花色,另两张牌另一种花色的数量:$C(3,2)=3$ 种。

一张牌一种花色,另三张牌另一种花色的数量:$P(3,2)=6$ 种。

四张牌三种花色的数量:$C(3,1)=3$ 种。

所以四张牌的花色组合共有 15 种可能。

269. 三重 *JQK*

先看个位数,$J+Q+K$ 的结果中个位为 K,也就是说 $J+Q=10$。又因为 *JJJ*、*QQQ*、*KKK* 三个数加起来不可能大于 3000,所以 J 是 1 或 2,那么 Q 是 9 或 8。

假设 $J=1$,则 $111+999+KKK=1110+KKK=199K$。看百位和十位,因为 $1+K=9$,所以 $K=8$。

假设 $J=2$,则 $222+888+KKK=1110+KKK=288K$。看千位,因为是 2,所以 K 只能是 9。但 $1110+999 ≠ 2889$,所以不成立。

因此,$J=1$,$Q=9$,$K=8$。

270. 三张组合

因为有 5 种大小,每种大小有 3 张牌,则:

(1)抽出的 3 张牌大小各不相同:$C(5,3)=10$ 种。

(2)抽出的 3 张牌有两张相同:$P(5,2)=20$ 种。

(3)抽出的 3 张牌大小相同:$C(5,1)=5$ 种。

所以 3 张牌的大小组合共有 35 种可能。

271. 沙漏计时器

让两个计时器同时开始漏沙子。当 3 分钟的那个沙漏计时器漏完后,立即把它颠倒过来;4 分钟的那个沙漏计时器漏完后,再次把 3 分钟的那个沙漏计时器颠倒过来,这时 3 分钟的那个沙漏计时器里正好漏下 1 分钟的沙子,还剩下 2 分钟。等这个沙漏里的沙子漏完后,就正好是 5 分钟了。

272. 猜牌术

这是一个利用数学中的恒等变换原理来设计的魔术。必须记住:一是每堆牌的开始的张数必须相等;二是第 3 次从第 1 堆牌中移去现在和第 2 堆牌中相等的牌数。在本例中的数学式为:$4×2+8+5=21$。

273．尾巴搬上脑袋

设 6 张扑克的前 5 张组合成的五位数是 a，第 6 张扑克是 b，则组合出来的六位数是 $10a+b$，并且满足 $(10a+b) \times 4 = a + 100000b$。将此式简化后得到 $a=2564b$。因为 a 是五位数，所以 b 最小是 4，最大是 9。将 b 的可能取值一个个代入并去掉含有数字 0 的取值（因为扑克牌里没有 0），即可得到另一个满足题设的六位数：$179487 \times 4 = 717948$。

274．抽牌概率

第 1 张抽到王牌的概率是 1/53，第 2 张是 A 的概率是 4/52，第 3 张是 A 的概率是 3/51，第 4 张是 A 的概率是 2/50，第 5 张是 A 的概率是 1/49。因此，先抽到王后再把 4 张 A 抽出的概率是 $(1 \times 4 \times 3 \times 2 \times 1) / (53 \times 52 \times 51 \times 50 \times 49) = 1/14348425$。

第八部分　精　密　计　算

275．特别的称重

第 1 步：先把 10 克的砝码放在天平的一端，然后把这袋碳酸钠分开放在天平的两端使天平平衡。这时，天平两端的碳酸钠分别是 33 克和 23 克。

第 2 步：把 33 克粉末取下，接着仍然把 10 克的砝码放在天平的一端，然后从 23 克碳酸钠中取出一些放在天平的另一端，并使天平平衡，这时 23 克中剩下的就是 13 克。

第 3 步：重复第 2 步的动作，剩下的就是 3 克。

276．散落的书页

因为在第 8 页之前有 7 页，所以在第 205 页之后一定有 7 页。这本书一共有 212 页。

277．查账

那个数是 170。如果是小数点的错，账上多出的钱数是实收的 9 倍，所以 153÷9=17，那么错账应该是 17 的 10 倍。找到 170 元改成 17 元就行了。

278．保持平衡

根据前三个系统平衡的情况，计算出圆、三角形、方形物体的重量，再进行其他计算即可。第四个应该是 24。

279．抢糖果

先拿 4 个，之后哥哥拿 n 个（$1 \leqslant n \leqslant 5$），你就拿 $6-n$ 个，每一轮都是这样，就能保证你能得到最后一个糖果。

（1）我们不妨逆向推理。如果只剩 6 个糖果，让对方先拿，你一定能拿到第 6 个糖果。理由是：如果他拿 1 个，你拿 5 个；如果他拿 2 个，你拿 4 个；如果他拿 3 个，你拿 3 个；如果他拿 4 个，你拿 2 个；如果他拿 5 个，你拿 1 个。

（2）我们再把 100 个糖果从后向前按组分开，6 个一组。100 不能被 6 整除，这样就分成 17 组。第 1 组 4 个，后 16 组每组 6 个。

（3）自己先把第 1 组的 4 个拿完，后 16 组每组都让对方先拿，自己拿剩下的。这样你就能拿到第 16 组的最后一个，即第 100 颗糖果了。

280．投资问题

250 万元买 1/3 的股份，则总资产应该是 750 万元。由于甲掌握的股份是乙的 1.5 倍，那么，他的股份是 450 万元，乙的是 300 万元。如果让三位合作伙伴股权相等，都是 250 万元，那么甲应该得到 200 万元，乙应该得到 50 万元。

281．公共汽车

设人的速度为 X，车速为 Y，每两辆车之间的距离为 S。

每 2 分钟迎面来一辆车，则 $S=(Y+X)\times 2$（人车共同完成 S）；此公式变形为：$Y/S+X/S=0.5$。

每 8 分钟后面来一辆车，则 $S=(Y-X)\times 8$（速度之差）；此公式变形为：$Y/S-X/S=0.125$。

两式相加，则有 $2\times Y/S=0.5+0.125=0.625$。

因此

$$Y/S=0.625/2=0.3125$$

$$S/Y=1/0.3125=3.2（距离 / 路程 ＝ 时间）$$

所以每 3.2 分钟发一辆班车。

如果掌握了调和平均数的概念，这道题就简单了，就是求 2 和 8 的调和平均数，即

$$2/(1/2+1/8)=3.2$$

282．夫妻吃猪肉

设丈夫一天能吃 x 桶肥肉，m 桶瘦肉；他老婆一天能吃 y 桶肥肉，n 桶瘦肉。

由题可列出 4 个等式为

$$x+y=1/60$$
$$x=1/210$$
$$m+n=1/56$$
$$n=1/280$$

很容易可以解出 $y=1/84$，$m=1/70$。

因为 $m>y$，所以是丈夫先吃完了半桶瘦肉，用的时间为：$T_1=(1/2)/n=35$（天）。

这时他老婆已经吃了 $T_1\times y=35/84=5/12$（桶）肥肉，还剩下 $1/2-5/12=1/12$（桶）肥肉。

两人把剩下的这些肥肉吃完需要的天数为：$T_2=(1/12)/(x+y)=5$（天）。

所以一共需要的时间是 $T_1+T_2=40$（天）。

283．冰雹数列

冰雹数列（数字的循环出现就像在旋风中翻滚的冰雹颗粒）到现在为止还没有一个

令人信服的答案。1 ~ 26 这些数字都很快地陷入了循环。如果从 7 开始,则会得到以下数列:

7、22、11、34、17、52、26、13、40、20、10、5、16、8、4、2、1、4、…

数字 27 的变化则有些奇特:在第 77 步时它增加到 9232,然后才开始减少,在第 111 步时开始 1—4—2—1—4—2 的循环。1 ~ 1000000 的数字都被测试过,最后它们都呈现如此的循环。

284．午餐分钱

因为三人吃了 8 块饼,其中,约克带了 3 块饼,汤姆带了 5 块。约克吃了其中的 1/3,即 8/3 块,路人吃了约克带的饼中的 3−8/3=1/3;汤姆也吃了 8/3,路人吃了他带的饼中的 5−8/3=7/3。这样,路人所吃的 8/3 块饼中,有约克的 1/3,汤姆的 7/3。路人所吃的饼中,属于汤姆的饼是属于约克的饼的 7 倍。因此,对于这 8 个金币,公平的分法是:约克得 1 个金币,汤姆得 7 个金币。

285．运动员和乌龟赛跑

显而易见,运动员当然会超过乌龟,这是我们的常识。

但是从逻辑上讲,这个问题的错误在于:人们把阿基里斯追赶乌龟的路程任意地分割成无穷多段,而且认为,要走完这无穷多段路程,就非要无限长的时间不可。

开始并不是这样,因为被分割的无限多段路程,加起来还是那个常数而已。

要确定具体的超越点也是很容易的。

设乌龟跑了 s 千米后可以被追上,此时运动员跑了 $s+12$(千米)。

则 $(s+12)/s=12/1$。

解得 $s=12/11$(千米)。

这些哲学谜题在中国古代也有,例如"一尺之棰,日取其半,万世不竭",意思是指将一根棍棒每天用掉一半,那么永远也用不完。但是我们要注意物质和空间是不同的,空间的无限分割更复杂。根据当代物理学原理,宏观物质不能无限分割,分割到分子或者原子的时候,物质就不能保持自身了。但是从物质起源看,到目前仍然无法了解物质无限分割的界限,这是物理学上有关物质结构的问题。

286．发家致富

硬币两面相同的概率是 1/3。3 枚硬币中取 2 枚放桌上,一共有 12 种可能情况,朝上的面相同的情况有 4 种。这个摆摊的人有 1/3 概率输 3 元,但有 2/3 概率赢 2 元,所以从长远来看:每玩 3 次他可以赢 1 元钱。如果这个赌博可以无限次地玩下去,理论上他能发家致富。

287．小明的烦恼

一个男孩一个女孩有两种情况:兄妹或者姐弟,所以生两个男孩的概率是 1/4。

288．奇数还是偶数

共有 6 种可能出现的偶数情况,即 2、4、6、8、10 和 12,以及 5 种可能的奇数情况为 3、5、7、9 和 11。尽管如此,表 7 中显示,共有 18 种可能得到偶数,18 种可能得到奇数。所以得到偶数和得到奇数的概率相等。

表 7

骰子1的点数	1	1	1	1	1	1	2	2	2	2	2	2	3	3	3	3	3	3
骰子2的点数	1	2	3	4	5	6	1	2	3	4	5	6	1	2	3	4	5	6
点数和	2	3	4	5	6	7	3	4	5	6	7	8	4	5	6	7	8	9
奇偶	偶	奇	偶	奇	偶	奇	奇	偶	奇	偶	奇	偶	偶	奇	偶	奇	偶	奇
骰子1的点数	4	4	4	4	4	4	5	5	5	5	5	5	6	6	6	6	6	6
骰子2的点数	1	2	3	4	5	6	1	2	3	4	5	6	1	2	3	4	5	6
点数和	5	6	7	8	9	10	6	7	8	9	10	11	7	8	9	10	11	12
奇偶	奇	偶	奇	偶	奇	偶	偶	奇	偶	奇	偶	奇	奇	偶	奇	偶	奇	偶

289．写数字

答案是需蘸 24 次墨水。只要数一下 97 ～ 105 中共有多少个数字即可。97、98、99 中每个数有 2 个数字,后面的数都是 3 个数字。

290．买桃子

这是个偷换概念的问题,每人 18 元,一共 54 元,商贩得到 50 元,小明得到 4 元,54=50+4。不能把 3 人花的钱和小明的钱加起来。

291．小到看不出来

直觉上来讲,2 米对月球的周长来说微不足道,但我们还是计算看看。假如铁环与月亮间的距离为 x,则有

$$2\pi \times (r+x) - 2\pi r = 2$$
$$2\pi x = 2 \text{（米）}$$

$x=1/\pi$（米）,约为 0.33 米。

即会有 30 厘米以上的空隙。

292．射击比赛

条件这么多,一下子满足所有的条件有困难,我们可以把条件归类,逐条去满足。

首先,根据（1）、（2）、（5）三个条件,可以列举出 4 个加数互不相同,且最大加数不超过 7,总和为 17 的所有情况为

$$1+3+6+7=17$$
$$1+4+5+7=17$$
$$2+3+5+7=17$$
$$2+4+5+6=17$$

再根据（3）、（4）两个条件不难看出，每人4发子弹的环数分别如下。

甲：1，3，6，7

乙：2，3，5，7

丙：2，4，5，6

从上面分析可以看出，甲与丙的相同环数为6。

另外还有一个简单的方法：

分别用甲1、甲2、甲3、甲4来表示甲4发子弹的环数。假设甲1、甲2和乙1、乙2相同，乙3、乙4和丙1、丙2相同。所以甲3、甲4、乙1、乙2、乙3、乙4、丙3、丙4，这8个数除了重复的那个数外，应该是从1到7。而这8个数的和是17+17=34，所以结果应该是

$$34-(1+2+3+4+5+6+7)=6$$

293．抽顺子

这是可能的，数学中的海尔定理保证了这种抽法必然存在。

294．胚胎

答案为99小时。分析：对第一种动物，我们从第二个小时看，有两个细胞，它分裂到最后形成肝脏，需要的时间就是除去最先一次分裂的时间，即99小时，所以，第二种动物需要99小时。

295．轮胎

答案为8000千米。车行驶时用了4个轮胎，也就是4个轮胎各行了12000千米，共行了48000千米。如果6个轮胎均匀使用，即为48000/6千米=8000千米。

296．数学家打牌

首先，牌总数最多为17张。因此可以确定的是艾伦的牌最多有2张。若有3张或者3张以上，则其他三家至少分别有6、5、4张，总数大于17张。艾伦牌有2张的情况有以下几种（见表8）。

表　8

保罗	约翰	琼斯	艾伦
5	4	3	2
6	4	3	2
7	4	3	2
8	4	3	2
6	5	3	2
7	5	3	2
6	5	4	2

艾伦牌为1张时，另外3人的张数相加小于或等于16，且3人张数各不相同，并且3人张数中最小数大于或等于2，可以列出这3张数相乘的积最大为4×5×7=140；其次为3×5×8=4×5×6=120；最后为3×4×9=108。此时已比上面所列最小积还要小，若答案在小于108的范围内，则不需要知道艾伦手里的牌是1张还是2张了。

所以,在知道4人的乘积及最小数是1还是2的情况下,如果还不能得出结论,只有在乘积为120时才有可能。也就是:保罗5张牌,约翰4张牌,琼斯3张牌,艾伦2张牌。

297. 扑克游戏推理

4个5和4个10都在乙手里。在普通的扑克游戏中,5张的顺子必然要包含5或10,不考虑A是大还是小,或者两者都算。

298. 花色问题

此人手中4种花色的分布是以下三种可能情况之一:

(a) 1237

(b) 1246

(c) 1345

情况(c)被排除,因为其中所有花色都不是2张牌。根据(4),情况(a)被排除,因为其中任何两种花色的张数之和都不是6。因此,(b)是实际的花色分布情况。根据(4),其中要么有2张红桃和4张黑桃,要么有4张红桃和2张黑桃。根据(3),其中要么有1张红桃和4张方块,要么有4张红桃和1张方块。综合(4)和(3),其中一定有4张红桃,从而一定有2张黑桃。

概括起来,此人手中有4张红桃、2张黑桃、1张方块和6张梅花。

299. 马和猎狗

设马跳1次的距离为1个单位距离,则狗跳1次的距离为7/4=1.75个单位距离。

在相同时间内(取狗跳6次的时间,马跳5次的时间),狗跳的距离为1.75×6=10.5个单位距离,马跳的距离为1×5=5个单位距离,所以,狗和马的速度比为10.5/5=2.1。

设马被狗追上时,跑的总距离为s千米,则追赶过程中,狗跑的距离为s千米,马跑的距离为$(s-5.5)$千米,在相同时间内,距离比等于速度比,由此可得方程:$s/(s-5.5)=2.1$,解得:$s=10.5$千米。

所以,马一共跑了10.5千米,即又跑了5千米时,才被狗追上。

300. 扑克牌的顺序

按照上面的洗牌规则,假设原来排在第x张的牌经过一次洗牌后会排在第y张,由题意可知:

当$1 \leqslant x \leqslant 26$时,$y=2x-1$;

当$52 \geqslant x \geqslant 27$时,$y=2x-52$。

跟踪每张牌在各次洗牌后的位置,我们可以发现每次洗牌后都会出现以下几个不变的规律:

(1)原来编号为1和52的两张牌的位置是一直不变的,1号在最下面,52号在最上面。

(2)原来的第18号、第35号两张牌的位置是不停互换的,即洗一次牌会让35在前面,洗2次牌则18在前面,也就是说如果洗牌的次数是偶数次,那么编号为18的牌仍然在第18位,编号为35的牌仍然在第35位。

（3）其余的 48 张牌以 8 张为一组，各自在组内以 8 次洗牌为一个循环。

所以，这副牌在洗 8 次牌后就会回到初始状态。

大家可以拿出一副扑克牌自己试一下。如果你没有那么好的洗牌技术，则可以从两叠牌中一张一张按顺序取牌，也可以达到洗牌的效果。

301. 最短路线

将立方体两个相邻的侧面展开（见图 30），A 和 B 的连线即是最短路线。

302. 辛苦的服务员

方法如图 31 所示。用集合来表示便一目了然。

（1）14 位；（2）4 位；（3）18 位；（4）7 位；（5）8 位。

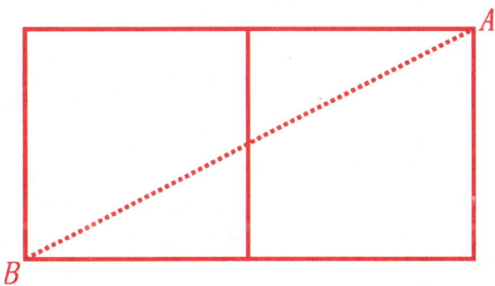

图 30

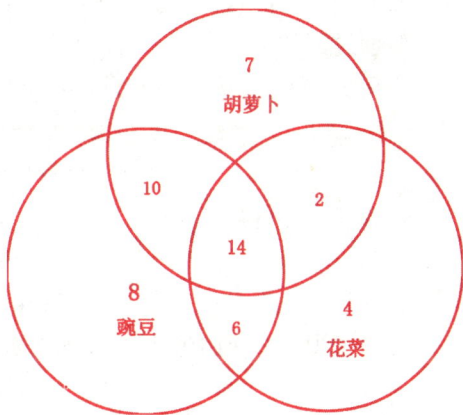

图 31

303. 逃脱的案犯

可以逃脱。

若是"飞毛腿"将船划向黑猫所在岸的对称方向，那么它要行进的距离为 R，警长要行进的距离为 3.14R，因为"飞毛腿"划船的速度是警长奔跑速度的 1/4，所以它在划到岸边之前警长就能赶到，这种方法行不通。

正确的方法是，"飞毛腿"把船划到略小于 1/4 的圆半径的地方，比如说 0.24R，然后以湖的中心为圆心，做顺时针划行。在这种情况下，"飞毛腿"的角速度大于在岸上的警长能达到的最大角速度。这样划下去，它就可以在某一个时刻处于离警长最远的地方，也就是和警长在一条直径上，并且在圆心的两边。然后"飞毛腿"把船向岸边划，这时，它离岸边的距离为 0.76R，而警长要跑的距离为 3.14R。由于 $4 \times 0.76R < 3.14R$，所以"飞毛腿"可以在警长赶到之前上岸，并用最快的速度逃脱。

304. 破产分钱

一共有 $2^{30} - 1 = 1073741823$（元）。

第一个股东分了 $2^{29} = 536870912$（元）。

第 2 个股东分了 2^{28}= 268435456 元。

......

第 n 个股东分了 $2^{(30-n)}$ 元。

第 30 个股东分了 1 元。

305．计算损失

88 元。

商人找出 $100-72=28$（元）。则 $60+28=88$（元）。

306．农夫买鸡

有 3 种可能：4 只公鸡、18 只母鸡、78 只小鸡；8 只公鸡、11 只母鸡、81 只小鸡；12 只公鸡、4 只母鸡、84 只小鸡。

解题过程如下：

设买公鸡 x 只，买母鸡 y 只，买小鸡 z 只，那么根据已知条件列方程，有

$$x+y+z=100 \qquad ①$$
$$5x+3y+z/3=100 \qquad ②$$

② $\times 3 - ①$，得

$$14x+8y=200$$

也就是

$$7x+4y=100 \qquad ③$$

在③式中，$4y$ 和 100 都是 4 的倍数，则有

$$7x=100-4y=4（25-y）$$

因此 $7x$ 也是 4 的倍数，7 和 4 是互质的，也就是说 x 必须是 4 的倍数。

设 $x=4t$（t 为自然数）

代入③，得

$$y=25-7t$$

再将 $x=4t$ 与 $y=25-7t$ 代入①，有

$$z=75+3t$$

取 $t=1$，$t=2$，$t=3$，就有

$$x=4，y=18，z=78$$

或

$$x=8，y=11，z=81$$

或

$$x=12，y=4，z=84$$

因为 x、y、z 都必须小于 100 且都是正整数，所以只有以上三组解符合题意。

307．在风中飞行的飞机

由于风速不变，因此，飞机在顺风时受到的推力，和在逆风时受到的阻力是一样的。这使人容易得出结论：飞机在有风但风速不变的情况下往返航程所需的时间，和无风速时相比保持不变。

但这个结论是错误的。上述思考忽略了一个重要的因素，即飞机在顺风时飞完一半航程所需的时间比在逆风时飞完另一半航程所需的时间少。也就是说，在往返航程中，飞机有更多的时间是在逆风中航行，因此，飞机在有风但风速不大的情况下往返航程所需的时间，

比无风速时要更多。

解答思路为：设飞机的速度为 v，AB 两地之间的路程为 s，风速为 a，则无风时飞机往返所需时间为 $2s/v$。

有风时飞机往返所需时间为

$s/(v+a)+s/(v-a)=[s(v-a)+s(v+a)]/(v+a)(v-a)=2vs/v^2-a^2$ ①

$2s/v=2vs/v^2$ ②

所以，只需比较 v^2-a^2 与 v^2 的大小。显而易见，$v^2>v^2-a^2$，分母越大，分数越小，所以无风时所用时间少于有风时所用时间。

308．大牧场主的遗嘱

大牧场主有 7 个儿子，56 头牛。大儿子拿了 2 头牛，他老婆拿了 6 头；第 2 个儿子拿了 3 头牛，他老婆拿了 5 头；第 3 个儿子拿了 4 头牛，他老婆也拿了 4 头。以此类推，直到最后，第 7 个儿子拿到 8 头牛，但牛已经全部分光。现在每个家庭都分到 8 头牛，所以每家可以再分到 1 匹马，于是他们都分到了价值相等的牲口。

309．放球问题

由题意可知，在编号为 1 的箱子中放球的个数应该为 1 个、2 个、3 个、4 个，有四种情形。（不小于编号 1，且余下球至少要 5 个）。以此类推，得树形图，如图 32 所示。

由此可知放法 N=4+3+2+1=10（种）。

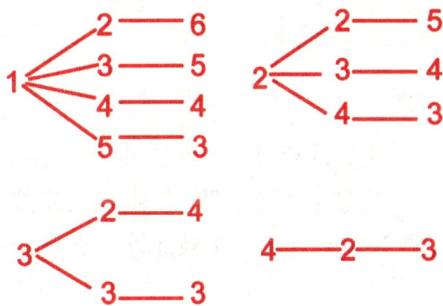

图 32

310．正确时间

这段对话发生在上午 9:36。

设现在的时间为 x，则根据题中已知条件可以列出如下方程：$x/4+(24-x)/2=x$；解得：x=48/5，也就是上午 9:36。

注意：从文中时间的叙述可以看出他们的对话发生在上午。如果不考虑这一点，也可以设想时间是在下午，那么，下午 7:12 同样是一个正确的答案。

311．两支蜡烛

设蜡烛点燃了 x 小时。粗蜡烛每小时减少 1/5，细蜡烛每小时减少 1/4。根据题意可以列出方程为

$$4\times(1-x/4)=1-x/5$$

解得

$$x=15/4$$

所以昨天停电的时间为 3 时 45 分。

312．少卖了 2 元钱

原来 1 朵黄玫瑰 1/2 元，1 朵红玫瑰 1/3 元，1 朵蓝玫瑰 1/4 元，平均价格是每朵

（1/2+1/3+1/4）÷3=13/36（元）。但是混合之后，平均每朵为 1/3 元，比以前平均少卖了 13/36−1/3=1/36（元）。72 朵花正好少了 2 元。

313．海盗分椰子

15621 个。解答方法很多，下面是最容易理解的一种：

假设给这堆椰子增加 4 个，则每次刚好分完而没有剩余。

解：设椰子总数为 $n-4$，天亮后每人分到的个数为 a。则有

$$（1/5）×（4/5）×（4/5）×（4/5）×（4/5）×（4/5）×n=a$$

$$1024/15625×n=a$$

因为 a 是整数，所以 n 最小为 15625。则有

$$n-4=15621$$

还可以设最开始有 X 个椰子，天亮时每人分到 Y 个椰子，则得

$$X=5A+1$$
$$4A=5B+1$$
$$4B=5C+1$$
$$4C=5D+1$$
$$4D=5E+1$$
$$4E=5Y+1$$

化简以后得 $1024X=15635Y+11529$

这是个不定方程，依照题目求最小正整数解。如果 X_1 是这个方程的解，则 $X_1+15625$（5^6=15625，因为椰子被连续 6 次分为 5 堆）也是该方程的解，那么用个取巧的方法来解，就是设 $Y=-1$，则 $X=-4$。如果最开始有 −4 个椰子，那么大家可以算一下，无论分多少次，都是符合题意的。所以把 −4 加上 15625 就是最小的正整数解了，答案是 15621 个。

314．入学考试

30 分。6 与 3 都是 3 的倍数，不管答对几道题，最后的得分都应是 3 的倍数，只有 30 分符合这个条件。

315．种树

最早那 10 棵树的年龄是 24 岁，最后一批树的年龄是 3 岁，所以婧婧现在的年龄是 31 岁。

316．汽车相遇

16 辆，因为一共有 17 辆车，除了他自己之外，他一路上会遇到其他的 16 辆车。

317．有问题的钟

这个题的关键是要想明白，只有两针成一直线的时候，所指的时间才是准确的。在 6 点，两针成为一直线，这是老钟表匠装配的时间。以后，每增加 1 小时及 5+（5/11）分，两针会成为一直线。7 点之后，两针成为一直线的时间是 7 点 5+（5/11）分；8 点之后，两针成为

一直线的时间是 8 点加上 10+（10/11）（分）。

318．奖金

倒着推就很容易算出来了，一共是 11400 元。

319．国王的数学题

40 件，30 件。

设金宝箱中原有 x 件，银宝箱中有 y 件。则可得到下面的式子

$$x-25\% x-5=25\% x+5+10$$

$$y-20\% y-4=2\times(20\% y+4)$$

解得 $x=40$，$y=30$

320．猎人打狼

设 A 打了 x 头狼，则 B 打了 14$-x$ 头，C 打了 $x+6$ 头，D 打了 12$-x$ 头，E 打了 x 头。

B、C、D 三人打的狼的和为 (32$-x$)/3 头，5 人一共打的狼为 $x+32$ 头。因为 A、E 相等，又经过联合分配，最后结果一样，说明 A、E 原来打的狼的头数就是平均数。

所以 $x=$ (32$-x$)/3，解得 $x=8$。所以 A 打到 8 头狼，B 打到 6 头狼，C 打到 14 头狼，D 打到 4 头狼，E 打到 8 头狼。

321．图书排版

首先我们知道，1 ～ 9 这 9 个页码分别需要 1 个铅字，10 ～ 99 这 90 个页码需要 2 个铅字，100 ～ 999 则需要 3 个铅字，以此类推。

前 9 页一共需要 9 个铅字，10 ～ 99 页需要 180 个铅字，这样用去了 189 个铅字，还剩下 660$-$189=471 个，用到 3 个铅字的页码有 471/3=157 页。所以这本书的总页码为 99+157=256 页。

322．分配珠宝

给第 1 个海盗分 14 颗珠宝，第 2 ～ 11 名海盗各分 4 颗珠宝，第 12 个海盗分 46 颗珠宝。这样刚好分完 100 颗珠宝，而每个海盗分到的珠宝数中都有 1 个"4"。

323．各买了多少苹果

设批发数量少的商贩有 x 千克苹果，另一个则有 1000$-x$（千克）。

批发数量少的单价为 4900/（1000$-x$）

批发数量多的单价为 900/x

那么 4900x/（1000$-x$）= 900$\times$（1000$-x$）/x

解得 $x=300$

所以一个商贩批发了 300 千克苹果，另一个商贩批发了 700 千克苹果。

324．撒谎的贼首

因为 21 个人中每个人分得的金币都是奇数,奇数个奇数相加,总和不可能为 200。

325．买衣服

丁和已是男生。设男生买的衣服单价为 X,则有:

$$2 \times (1+2+3+4+5+6) \ X - N \times X = 1000$$

N 为两名男生所买件数和,取值范围在 3 ~ 11。42 − N 的取值范围为 31 ~ 39。

X 为男生所买衣服的单价,要求 1000/X 是个整数或者 2 位以内的有限小数。

解得 $42 - N = 1000/X$

只有当 N 为 10 时,42 − N = 32。1000/X 符合条件。

而能等于 10 的只有 4+6,也就是丁和已是男生。

326．堆高台

285 块。

$$1=1$$
$$5=1+2 \times 2$$
$$14=1+2 \times 2+3 \times 3$$
$$30=1+2 \times 2+3 \times 3+4 \times 4$$

所以 $1+2 \times 2+3 \times 3+4 \times 4+5 \times 5+6 \times 6+7 \times 7+8 \times 8+9 \times 9=285$

327．导师的诡计

实际上是不可能的,因为隔的时间太久了,要 40320 天,相当于 100 多年。算法为:每天换一下位子,第 1 个人有 8 种坐法,第 2 个人有 7 种坐法,第 3 个人有 6 种坐法……第 8 个人只有 1 种坐法,则有 $8 \times 7 \times 6 \times 5 \times 4 \times 3 \times 2 \times 1 = 40320$。

328．两个赌徒

第 1 个人会赢,他点数大的次数约占全部的 55%,如图 33 所示(表中:L 表示第 2 个人输,W 表示第 2 个人赢)。

也就是说,如果赌 9 次,那么第 1 个人会赢 5 次,第 2 个人只会赢 4 次。所以总体下来,第 1 个人会赢。

	2	4	5
1	L	L	L
3	W	L	L
6	W	W	W

图 33

329．奇怪的加法

他使用日历上的星期数做的加法。

第九部分　图形推理

330．下一个图形

答案：C。

分析：把图形翻过来,你会发现中间是一些数字,分别为 5、7、9。

331．奇妙的变换

答案：D。

分析：将每 1 行第 1 幅图的左右两条直线变成向内凹的曲线构成第 2 幅图,再将第 1 幅图的左右两条直线变成向外凸的曲线构成第 3 幅图。

332．小圆点

答案：D。

分析：图中的 3 个图案中分别有 5、1、3 个小点,是 3 个不同的奇数;下图则应该有 2、6、4 个小点,所以选 D 选项。

333．黑点

答案：G。

分析：将每行前 2 个图形中圆圈内部或外部的小球数相加为第 3 个图中的内部或外部小球数,如果小球有内有外,则内外抵消。

334．神奇的规律

答案：C。

分析：都是一笔画图形。

335．线条的规律

答案：B。

分析：尽管没有什么笔画数上的规律,但所有图案都是可以用“一笔画”来完成的。

336．立体图

答案：A。

分析：这题需要一定的立体几何学知识。从上图可以看出,第 2 个图案的体积是第 1 个图案的 1/2,而第 3 个图案的体积是第 1 个图案的 1/3。选项中只有 A 选项的体积是下图第一个图案的 1/3。

337．螺旋曲线

答案：D。

分析：每个图形都有 5 个交点。

338．圆与方块

答案：D。

分析：圆圈的数量乘以 2,加上方块的数量,都等于 8。

339．直线与黑点

答案：A。

分析：直线下的圆圈数乘以 2 再加上直线上的圆圈数都等于 8。

340．折线

答案：A。

分析：把正方形中间的线分为两个部分观察。可以看出，上半部分的短线是逆时针旋转，每次旋转 45°；下半部分顺时针旋转，每次旋转 90°。按照这个规律，下一幅图的两根短线正好重合，也就是 A 选项所示。

341．转弯的箭头

答案：A。

分析：图形逆时针旋转。

342．螺旋线

答案：A。

分析：初看这个题目可能一时找不到分析的切入点，但仔细观察螺旋线的方向就可以找到规律。第 1 行的旋转曲线从外往里，分别呈顺时针方向、逆时针方向、顺时针方向。第 2 行则是逆时针方向、顺时针方向、逆时针方向。可以看到，每 1 行的第 1 格和第 3 格方向是相同的，第 2 格则方向相反。第 3 行前两格的图形分别是顺时针方向和逆时针方向，所以只有 A 选项的顺时针方向才符合这个规律。

343．黑白点游戏

答案：B。

分析：黑色圆圈依次增加，白色圆圈依次减少且顺时针旋转。

344．带斜线的三角

答案：C。

分析：上图的规律是第 1 个图案上方的三角形分别连续往下翻转 2 次，构成第 2、第 3 两幅图。下图则是第 1 个图案上方的两个三角形一起放下连续翻转。

345．黑白变换

答案：C。

分析：上图的规律比较简单，黑色三角形和正方形框架一起顺时针旋转，黑色正方形则相对框架进行顺时针旋转。类比到下图，黑色三角形和菱形框架一起顺时针旋转，白色小长方形相对框架逆时针旋转，黑色小长方形相对框架顺时针旋转。第 2 个图案中黑色小长方形不见了，是因为它正好旋转到黑色三角形的位置上。

346．九点连线

答案：A。

分析：以中间的 3 个点为中心的“指针”以此顺时针旋转，形成下一幅图形。

347．四条线段

答案：E。

分析：将每行第 1 幅图的右下角笔画旋转 90°构成第 2 幅图；再将第 2 幅图的左上角笔画旋转 90°构成第 3 幅图。

348．双色方块

答案：F。

分析：每行第 1 幅图要通过第 2 幅图的变换方式变成第 3 幅图的样子。第 1 行的变换方式为向上拉伸，第 2 行为顺时针旋转 45°，第 3 行则为先拉伸再旋转。

349．线条与汉字

答案：B。

分析：杂乱的线条和汉字之间有什么联系呢？数一下上边 4 个图案各自最少能用几笔画出来，1、2、3、2，所以答案是能用一笔连着写完的"红"字。

350．文字规律

答案：B。

分析：上图 3 个字的笔画数分别是 4、5、6 画，下图 3 个字的笔画数分别是 2、3、4 画，都是等差数列。

351．切割

答案：B。

分析：上图 3 个图形的内角数分别是 6、7、8；下图前两个图形的内角数分别是 9、10，只有 B 选项的内角数是 11 个。

352．奇怪图形

答案：D。

分析：上边各图中图案的数量分别是 2、4、8，是个等比数列；下边各图中图案的数量则是 1、3、9 的等比数列。

353．超复杂图形

答案：A。

分析：数一下每幅图中图案的类型数量可以发现，上图是 2、4、6，下图是 1、3、5。

354．分割火炬

答案：B。

分析：上下两图中直线和图形的交点数量都呈现递减的规律。

355．圆圈与方块

答案：B。

分析：圆圈的数量逐渐增加,方框的数量逐渐减少。

356．变换的梯形

答案：B。

分析：把上图第 1 个图案的梯形看成是由左右两个直角梯形组成的,这两个小梯形相向运动重合再分开就分别形成第 2、第 3 两个图形。把下图的第 1 个图案也如此分开,就能得出答案。

357．黑点与白点

答案：H。

分析：在第 2、4、5、7、10、12、13、15 格内依次出现黑色方块。一白一黑两个圆点依次向右移动。圆点每经过一次黑块则变换一次颜色。但在黑块遮盖下不显颜色,在下次移动到白色时显色。

参 考 文 献

[1] 黎娜,于海娣.全世界优等生都在做的 2000 个思维游戏 [M].北京：华文出版社，2010.

[2] 黎娜.哈佛给学生做的 1500 个思维游戏 [M].北京：华文出版社，2009.